南京历史文化名人系列丛书

皇象传

胡舜庆 著

南京市文化广电新闻出版局
南京市博物总馆 编

凤凰出版社

图书在版编目（CIP）数据

皇象传 / 胡舜庆著. -- 南京 : 凤凰出版社, 2018.4
（南京历史文化名人系列丛书）
ISBN 978-7-5506-2771-0

Ⅰ. ①皇… Ⅱ. ①胡… Ⅲ. ①皇象—传记 Ⅳ. ①K825.72

中国版本图书馆CIP数据核字(2018)第079922号

书　　名　皇象传
著　　者　胡舜庆
责任编辑　尤丹丹
装帧设计　徐　慧
出版发行　凤凰出版社(原江苏古籍出版社)
　　　　　发行部电话025-83223462
出版社地址　南京市中央路165号,邮编:210009
出版社网址　http://www.fhcbs.com
照　　排　南京凯建图文制作有限公司
印　　刷　江苏凤凰通达印刷有限公司
　　　　　南京市六合区冶山镇,邮编:211523
开　　本　718×1005毫米　1/16
印　　张　6.5
字　　数　94千字
版　　次　2018年4月第1版　2018年4月第1次印刷
标准书号　ISBN 978-7-5506-2771-0
定　　价　68.00元
(本书凡印装错误可向承印厂调换,电话:025-57572508)

《南京历史文化名人系列丛书》编委会

序　言

南京古称金陵、建邺、建康等，是素负盛名的“六朝古都，十朝都会”，与北京、西安、洛阳并称为中国四大古都。南京在历史文化上的独特性，体现在曾多次承担过中华民族救亡图存、走向复兴的历史责任与历史使命。在历史文化的视野下，把南京置于国家民族的历史长河中，探寻这座城市对于中华文明所起到的作用，会发现在中国历史上，没有哪一座城市像南京这样，与中华民族的命运如此紧密地联系在一起。

2500多年的建城史，450年的建都史，使得南京在历朝历代都涌现出许许多多为中华数千年文明作出过重要贡献的杰出人物，他们广泛地活跃在政治、经济、军事、文化、艺术、宗教、科技、曲艺等方面。在这些“立德、立功、立言”的杰出人物的身上，集中体现着中华民族精神的标记，印证着历史人文精神的深邃。虽然这些历史身影已随着逝去的时代而远去，但他们留下的物质或非物质的印记，作为后来者追慕先贤、思索人生、承继前行的路标，仍然是南京乃至中华民族弥足珍贵的文化资源和极其宝贵的精神财富，是中国历史文化脉络的重要组成部分，更是加快南京历史文化名城建设不可或缺的要素。

2014年初夏，南京市政府根据“十二五”规划文化建设中提出的传承创新、推动文化大发展大繁荣的要求，出于充分挖掘、利用南京在历史名人资源方面的优势，彰显南京独特的历史名人文化，进而发挥文化引导社会、教育人民、推动发展的功能，增强民族凝聚力和创造力的目的，要求南京市文化广电新闻出版局及其下属单位在调查研究的基础上，提出切实可行的南京历史文化名人展示工作的实施方案。

客观、科学地界定南京历史文化名人，按不同的时代、不同的系统梳理罗列出来，不是一件容易的事。新成立的南京市博物总馆文化遗产保护研究所具体承担了起草《南京历史文化名人展示工作实施方案》的工作，在经过了近一个月披沙拣金般的梳理与遴选后，研究所的同志们按时交出了一份包括近400位待选的南京历史文化名人小传的征求意见稿。此后，在南京市委、市政府、市政协主要领导的关心与支持下，南京市文化广电新闻出版局就如何实施南京历史文化名人的弘扬与展示工作认真调研，反复斟酌，并召开了多次由市领导与南京大学、南京师范大学、南京博物院等专家学者参加的专题论证会，最终在集思广益达成的共识的基础上，甄选出首批共79位在南京乃至国内外都有一定历史地位、在彰显南京历史文化方面具有一定代表性的南京历史文化名人，并确定了在深入挖掘其内涵的基础上，采用雕塑创作、遗址与博物馆建设、遗迹修缮、深度挖掘出版、文艺创作等5种向全社会推介展示这些南京历史文化名人的方式。

这其中的深度挖掘出版方式，指的是在采撷、整理文献史料的基础上，编辑出版以南京历史文化名人为系列的名人传记或故事，适用于那些历史文献和地方志书中虽有明确记载，对南京历史文化发展也有较大影响，但其相关遗迹、遗存尚不确定的南京历史文化名人，藉以系统地呈现南京历史文化，进一步增强南京文化软实力与综合竞争力。采用深度挖掘出版方式予以宣传推介的南京历史文化名人的人选，包括三国时期的书法家皇象、佛经翻译家支谦，东晋时期的道教学者葛洪、美术家戴逵、名僧暨佛经翻译家法显，南朝刘宋时期的天文学家何承天、史学家范晔、文学家刘义庆，南齐的开国皇帝萧道成、画家陆探微、诗人谢朓、美术评论家谢赫，南朝齐梁时期的文学批评家钟嵘，唐代诗人王昌龄，明代文学家宋濂、学者焦竑、书法篆刻家文彭，明末清初的竹刻艺人濮仲谦，清代文学家方苞，近代建筑设计师亨利·墨菲共计20人。该项工作由南京市文化广电新闻出版局负责。

考虑到社会影响并兼顾大多数人的接受程度，南京市文化广电新闻出版局与南京市博物总馆的主要领导认为《南京历史文化名人系列丛书》的编撰和出版工作应尽可能达到如下几点要求。一是实事求是，科学取舍。要运用历史唯物主义观点和方法收集资料，去粗取精，去伪存真，力求内容的史料性、思想性和资料性的统一。在尊重历史真实的前提下，对涉及政治、民族、宗教等重大敏感问题，在史料取舍与叙述上，谨慎科学处理。二是主题突出，详略得当。在具体的文字内容上，应包括上述各南京历史文化名人的生平事迹、主要成就及其对后世的影响，并尽可能将每个人物的成就及其与南京之间的关系或联系，在书中予以浓墨重彩地展示。三是深入浅出，通俗易懂。丛书的篇幅不宜过长，避免阳春白雪、曲高和寡，编撰行文应言之有物，但在行文中仍然务需严谨、规范，所使用的材料要求有来源、有依据，注重和突出面向大众的宣传、推介效果，争取较强的可读性，力求做到雅俗共赏。四是图文并茂，引人入胜。作为一部介绍历史名人的图书，在诸方面要凸显其文化特点和艺术魅力，每本书宜在行文中都配附一定数量、与书籍内容相关的图片，做到图文并茂，雅俗共赏。

这样一套面向社会大众的普及性质的读物，自然不宜高头讲章般的满是庙堂之气，但学术层面的严谨和求实，也都必须遵循而丝毫马虎不得，因而对于编写工作的要求其实是相当高的，所以寻找合适的作者自然也就成了让人头疼不已的事。在这一方面，南京市博物总馆下辖的文化遗产保护研究所为之付出了艰苦的努力。

我们编纂这套《南京历史文化名人系列丛书》不仅仅是为了让来者见贤思齐，心追范式，更主要是为了让后人通过读史而能自省，深入发掘、总结、提炼中国历史文化中的优秀精神，推动社会主义精神文明和物质文明协调发展，古为今用，洋为中用，把中华民族的优秀传统转变为现实中有生命力、有影响力的东西，从而进一步增强民族自信心和凝聚力，为促进中国特色社会主义文化建设的健康发展，激发全民族文化创新创造活力，不断铸就中华文化新辉煌，尽一份绵薄之力。

鉴于《南京历史文化名人系列丛书》所涉部分历史人物可资参阅的史料极其有限，加之编写时间匆促，本书难免存在这样或那样的缺憾。在此诚恳希望专家读者多加指教，以便有机会再作修改与补充。

2018年3月

目 录

皇象书艺与两汉、三国书坛的背景及关系

中国书法源远流长，与我们的民族文化起源同其岁月。远在殷商甲骨和周代鼎彝上，汉字书法已用在祭、乐、礼器上，和花纹一样起装饰美化作用。书法在周朝已被列为“六艺”之一，是读书人必须学习的技艺。

西汉初期统治阶级采取“无为而治”“与民休养生息”政策，经济逐步发展，比较繁荣，思想文化领域相对宽松。文化艺术也得到繁荣和发展。西汉又发明了纸，这些大大促进了书法艺术的发展。两汉时期书法艺术蓬勃发展，也体现了汉代文化的博大恢宏。

汉代书法艺术的典型书体是隶书，但它并不是唯一的书体，更不是静止不变的。由古隶（秦隶）逐渐变化出了八分（汉隶）和草书（章草），由八分又变化为正楷，由草书和正楷又创造出了行书。书体总是适应社会发展和实际生活需要，字形由繁趋简，书写由缓慢趋向快捷，不断演变发展。

秦灭六国后，在秦代，朝廷规范文字通用小篆书体，小篆字形纵长，线条宛转匀净，端庄肃穆，工整美观，秦刻石（《秦始皇刻石》《峄山碑》《泰山刻石》《琅琊台刻石》）是秦代用于庄重场合的正规书体的典型。但由于小篆线条粗细一致，书写速度缓慢，在日常生活中，难以用篆书。秦代“奏事繁多，篆字难成”。下层书吏及民间书人，在书写实践中为求书写便捷高效，往往省简结构，并连笔画，草率而急速书写小篆，这种“佐助篆所不逮”的俗写体，渐渐约定俗成，成为一种便捷的书体，经过演变渐成秦隶。秦隶减少盘曲，化繁为简，在转角处变圆转为方折，变弧线为直线。秦隶可称是篆书的潦草写法，用笔仍存有篆书意味。只是在笔势的方圆有所变化，而没有点画的俯仰之势。这些民间流传的俗体字，开始只是写稿草用，是隶书的雏形。秦代隶书（秦隶，又称“古隶”）在当时是

新生事物。

隶书在演变过程中，体势风格有较大变化。这从近代出土的四川青川郝家坪战国木牍及湖北云梦睡虎地秦代竹简、甘肃武威仪礼西汉木简，山东临沂银雀山、湖南长沙马王堆、居延汉代竹木简牍中可得到印证。隶书(古隶)早在战国末期至秦朝，在民间及吏卒中已被广泛使用。虽已普遍流行，但开始只是不合标准的俗体字，仍不能登大雅之堂。随着社会不断发展，到了汉初已赶不上社会发展的需要，经过长期书写应用，在实践中变革，到了西汉，隶书经过无数书人不断简易笔画，整齐结构，增饰波磔，整理美化，已日渐成熟，逐步从尚存篆意的秦隶中脱胎而出。睡虎地秦简上秦隶(古隶)是小篆的变体，在字的结构上和篆书区别不大，但用笔不同。是把篆书的圆转变成方折，弧线变成直线。此外，删繁就简，省简结构，并连笔画，以提高书写速度。

西汉早期汉简隶书，多存小篆纵势遗意，呈长方体势，笔画虽简约方折，形态上仍有篆书意味，与秦隶一脉相承。甘肃武威汉简字形上打破对称停匀格式，欹侧中平正。用笔中锋、迸锋、侧锋交错使用。居延汉简上隶书风格多样，运笔舒展，波挑丰腴。

秦隶(古隶)经过整理与美化，逐步形成横平竖直，字形方正，左右撇捺分明，向背开张的汉隶。汉隶以方折笔画，解散了篆书圆转的笔画。隶书比篆书简便易写，活泼多姿。

隶书至两汉之际，已发展成熟为汉隶，它上承秦代篆书规则，下启魏晋楷书的先河，也是草书、楷书、行书产生发展的基础。隶书的出现是我国文字和书法发展史上一次重大变革。

汉代隶书的兴盛和发展与文字发展规律，以及帝王倡导和汉代选仕用人制度息息相关。汉律规定："学僮十七以上，始试，讽籀书九千字，乃得为吏。又以八体试之，郡移太史并课，最者以为尚书史，书或不正，辄举劾之。"[①]

所以书写隶书崇尚隶书，在汉代逐渐形成一种社会风气。甚至皇

① (汉)许慎著，柴剑虹、李肇翔主编：《说文解字》，九州出版社，2001年版，第877页。

帝、后妃也都很重视写隶书。据《汉书》中记载：西汉元帝刘奭“多才艺，善史书”。孝成许皇后，《汉书·外戚传》称其“聪慧，善史书”。东汉时帝王后妃善书者更多(后面再加详述)。马宗霍《书林藻鉴》论两汉书法云：“上至帝后，下至民庶，无不善史书者。俗皆云：‘何以礼义为，史书而仕宦。’盖当时以擅史书为入仕之捷径也。”[1]民间谚语意为何必讲求“礼义”，能写好隶书，即可为官作宦。甚至少数书吏不断擢升，获得高位。曾出现“善书者尊于朝”的局面。汉代初年沿袭秦之旧制，书有八体，而八体中，最适用的是隶书。史之职所以主书，八体虽都要学习，而首要专攻隶书，所以汉人每称隶书为“史书”。新莽时损八体书为六体：一、古文；二、奇字；三、篆书；四、左书；五、缪篆；六、鸟虫书。但汉代社会通行之书体，仍为隶书。

汉代选用史官要“以六体试之”。“善书”者可以成为从地方到中央各级长官的文书佐吏，可以作负责办理日常案牍文书工作的尚书、史书令史。“史书令史”即擅长隶书(汉隶)的令史。书法优劣关系出仕做官与仕途升迁。甚至史官对于“吏民上书，字或不正者”，还要加以“举劾”。汉代隶书是当时官方正式书体，直到魏晋楷书广泛流行后，才为楷书所取代。在汉代，以书取人是国家制度，擅长史书(隶书)是汉代入仕途的捷径。汉武帝时，已形成用笔渐取横势，横平竖直，结字由长方趋向方正，或方或扁，用笔技巧更丰富，分张翻挑，笔法方圆兼备，横画蚕头燕尾、一波三折，字形结构起了根本性变化的汉隶。汉化隶书逐渐代替小篆，上升到官方通行文字的地位。“隶变”是汉字书法的伟大变革。汉隶上承秦篆的规则，下启魏晋南北朝楷书的风范。汉隶结构新颖简化，书写比小篆便捷，点画线条在实用与美观上超过了篆书。“隶变”正是中国文字由古文系统向今文系统的演变过程，彻底蜕去了象形的痕迹，在中国文字史与书法史上具有重要意义。隶书逐渐从民间俗书约定俗成到为社会广泛接受，最终成为两汉官方规范书体，书法风格也从古隶的古朴浑厚转向端庄秀丽。

---

① 马宗霍辑：《书林藻鉴·书林记事·卷四》，文物出版社，1984年版，第30页。

汉代在隶书成熟的同时,出现破体的隶书,发展而成章草,行书、真书也已萌芽。西汉史游"解散隶体粗捷书之",创造了快捷流行的书体"章草",史游被称为"章草之祖"。东汉张芝书写迅捷飘逸的"今草",被誉为"草圣"。书法的不断发展为魏晋时流畅的行草及笔势飞动的狂草开辟了道路。为适应官方文书繁多,官府特设"书佐"一职,"书佐"是政府低级小吏,但广大书佐中藏龙卧虎,不乏书艺高手。汉碑名品《华山庙碑》即为书佐郭香察书,《西狭颂》为从史仇靖书,《郙阁颂》为故吏仇绋书。所以清钱谦益有"古来书佐擅妙笔"的诗句。各级书佐是专事起草及缮写文书的专职书人,即专职书法家。这使得人们在书法上不断追求工整和优美。

在汉代,书法不仅有普遍的实用价值,对书法的艺术欣赏,已为社会普遍关注。汉代书法在社会生活中的应用也更为频繁,如建筑物匾额、石刻、铜器铭文、砖瓦铭文等,这自然使得人们在书法上刻意求工求美了。西汉初年丞相萧何"为前殿,覃思三月,以题其额,观者如潮"。这是说萧何为前殿题匾额竟慎重"覃思三月"之久,题额书法精彩非凡,以致观众踊跃如潮水。萧何还用署书题苍龙、白虎两阙。

自西汉后期开始,上自帝王、贵戚,下至官吏、儒生,都把书法作为修身养性、消遣自娱之道。

西汉帝后中善书者有汉武帝刘彻、汉元帝刘奭、孝成许皇后。

刘彻,孝武皇帝,景帝中子。字曰通。有灵芝三茎植于殿前,遂歌芝房之曲,因述为灵芝书,又名英芝。又有鼎小篆,汾阴得鼎而作也。

刘奭,汉元帝,宣帝太子。字曰盛。《汉书》本传称其"多才艺,善史书"。

孝成许皇后,《汉书·外戚传》称"后聪慧,善史书"。

西汉著名书法家还有萧何、司马相如、董仲舒、严延年、张敞、杜邺、爰礼、孔安国、李陵、张安世、张彭祖、史游、陈遵、谷永、扬雄、刘棻、冯嫽等人。

萧何,沛人。官丞相。萧何善篆隶,作未央宫,制度弘壮,覃思三月,以题苍龙、白虎二阙,观者如流。萧何便秃笔书,当时人谓之"萧籀"。

司马相如，字长卿，成都人。好读书，学击剑。汉武帝读《子虚赋》而善之，令尚书给笔札，奏《上林赋》，以为郎，后拜孝文园令。作《凡将篇》。工笔札。

董仲舒，广川人。少治《春秋》，下帷讲授。武帝时以贤良对“天人三策”，为江都相，后为胶西王相。免官家居后，朝廷有大议，常遣使就其家问之。著有《春秋繁露》《董子文集》。善书。

严延年，字次卿。东海下邳人。官至河南太守。雅工史书，规模赵高，时称其妙。

张敞，字子高，河东阳平人。官至京兆尹。善古文，传之子吉。吉传其甥杜邺，邺又传其子杜林。吉子竦，字伯松，王莽时官至郡守封侯，博雅过于子高（张敞）。自三代以来古文之学盖绝，子高精勤习之，其后有杜林、卫宏为之嗣焉。

杜邺，字子夏，魏郡繁阳人。官至凉州刺史。少孤，其母张敞女，邺壮从（张）敞子（张）吉学问，得其家书。初邺从张吉学，吉子（张）竦又幼孤，从（杜）邺学问，亦著于世，尤长小学。

爰礼，沛人。善古文，孝平时召爰礼等百余人说文字于未央庭中，以爰礼为小学元士。

孔安国，鲁人。定孔子旧宅壁中所藏科斗文字之可知者，为隶古定，更以竹简写之。

李陵，字少卿，陇西人。善骑射，爱人下士，武帝时拜骑都尉。李陵率队与单于相值，数败之，击杀匈奴数千人。后兵败被俘，降匈奴。曾于马鬃山望乡岭上石龛题字，杨慎《墨池琐录》称其入神品。

张安世，字子孺，杜陵人。以善书为给事尚书。

张彭祖，安世之子，韦续《九品书人论》列其行草书于品上下。

史游，元帝时官至黄门令，作章草《急就章》。

陈遵，字孟公。杜陵人。哀帝时任河南太守。性善书，与人尺牍，主皆藏去以为荣。

谷永，字子云。长安人。《汉书·游侠传》云：“长安号曰‘谷子云笔札’。”

扬雄(前53—18),字子云。蜀郡成都人。博学,多识奇字。平帝元始中,召天下通小学者以百数,令证字于未央庭中,扬雄取其有用者,作《仓颉训纂篇》三十四章,以续仓颉重复之字。

刘棻,王莽时傅中。尝从扬雄学作奇字。

冯嫽,楚主侍者。《汉书·西域传》称其能史书。

东汉光武中兴,经济逐步繁荣,文化艺术得到发展。帝王对书法的喜好与倡导,进一步促进书法的发展。

东汉自汉光武帝刘秀起,历代帝王后妃将相善书者不少,“上有所好,下必盛焉”。中下官吏及民间书人大量涌现。

光武帝刘秀,善书。蔡希综《法书论》云:“其手赐万国者,皆一札十行,细书成文。”

章帝刘炟,明帝子。善章草。杜度善草,“(章)帝贵其迹,诏上章表令作草体,始号‘章草’”。章帝刘炟,少好儒术,继位后,为政宽厚。除惨酷刑律五十条,多次减免部分地区田租。建初四年(79),曾召集群儒,于白虎观讨论五经同异,并亲自称制临决。这些对经济文化发展有促进作用。

安帝刘祜,好学史书,能书。

灵帝刘宏,范文澜《中国通史》说他“在政治上是一个昏暴的皇帝,在文学艺术上却是一个有力的变革者”。他喜爱书法,“好学善书”。在位二十一年,对书画艺术的发展起了推动作用。

东汉章帝窦皇后,六岁能书,亲家皆奇之。东汉和帝阴皇后,少聪慧,善书艺。

东汉和帝邓皇后绥,六岁能史书(隶书),十二岁通《诗》《论语》,家人号曰“诸生”(秀才)。是时万国贡献,竞求珍丽之物,自后即位,悉令禁绝,岁时但供纸墨而已。

顺帝梁皇后,梁妠,大将军商女。少好史书(隶书),常以烈女图置于左右,以为鉴戒。

左姬,字小娥,安帝生母。善史书,喜词赋。

东汉时期女子善书者不少,惜少有史书记载。蔡文姬及马夫人均为官宦之女,能在史书上留下名字。

蔡琰，字文姬，蔡邕之女。工书，博学有才辩，又妙于音律。“兴平中乱，设于南匈奴。”后曹操将其赎回嫁董祀。曹操欲使十吏就夫人写书，文姬曰：“妾闻男女之别，礼不亲授，乞给纸笔，真草唯命。”即写（蔡）邕遗书呈操，文无遗误。著有《悲愤诗》二首和《胡笳十八拍》一首。

东汉大司农皇甫规扶风马夫人，有才学，善属文，工隶书，能草书。“时为（皇甫）规答书记，众人怪其工”。后来因守寡，拒绝董卓聘娶而被杀。

东汉灵帝好学善书，自作《羲皇篇》五十章；因引诸生能为尺牍辞赋及工鸟篆者相课试至千人。光和元年（178）征天下工书于鸿都门学，“书画奇能，莫不云集”（江式《论书表》），网罗至数百人。并任以官职，甚至封侯赐爵。鸿都门学是中国历史上最早的文学艺术学府。其教学以辞赋书画为主，学生多至千人。学生由州郡及三公举荐，并加以考试，学成后多予高官厚禄。到地方者为刺史、太守，在朝廷者则为尚书、侍中，甚至封侯赐爵。待遇优于太学诸生。鸿都门学是由皇帝授意宦官势力操纵与以经学为本的太学相对垒的学府，遭到蔡邕等士大夫的激烈反对。

蔡邕等人受儒家“经学为本，技艺为末”思想影响，认为书画辞赋是才之小者，不能作为国之栋梁。而鸿都门学是东汉朝廷专门设立的辞赋书画研习机构，其规模之大，人数之多，堪称空前绝后。令后世南唐画院、北宋翰林图画院望尘莫及。这对培养书画人才，提高书画艺术，促进书画艺术发展起了极大推动作用。东汉末年汉灵帝曾下诏以“鸟篆”作为考试内容，“鸿都文学，鸟篆盈简”。篆书因之突然盛极一时。但这仅是君王一时心血来潮，并未形成制度。篆书一时兴盛不过是昙花一现，汉代普遍还是盛行隶书。

“两汉尤其是东汉，不少文士以‘工书’著名，有些竟以写字为专业。经汉灵帝提倡后，书法在艺术上的地位更为显著。”（范文澜《中国通史》）

汉代一些著名书法家为达官显贵书写碑文，意在博取名利，蔡邕甚至曾为十五岁少年书撰碑文。民间书人也有因善于书法“佣书”而致富，古代雕版印刷术发明之前，要读书就必须抄写书籍，要藏书也需抄书，自己抄或雇人抄。贫困的读书人可以抄书养家糊口，叫作“佣书”。甚至有靠抄书致富者。如东汉庶民孙敬，字文宝。“家贫好学，少时尝画地为书，遂工篆隶；家贫佣书，后有金帛”。可见汉代“佣书”成为不少读书人的专职或兼职，蔡邕一类名流为人书写碑文，可获丰厚酬劳。这也可见书法作品具有实用性。东汉以降，书法繁荣，东汉后期文人书法家兴起，他们或善篆隶、草书，或兼善诸体，并形成了各自风格的书法艺术流派。知名书法家为人们追捧，书法作品为人们欣赏和收藏。书写文字不再仅仅作为记事行文的工具，而有了广泛的艺术欣赏性。书法被读书人作为一门艺术潜心研究，进而上升为哲理进行探讨。汉代诞生了一部文字学巨著——许慎的《说文解字》。

许慎，字叔重。汝南召陵（今河南郾城）人。官至太尉南阁祭酒。再迁为洨（古县名，在今安徽灵璧南）长，卒于家。东汉经学家、文字学家。师事贾逵，为马融所推重。他少好古学，博学经籍，喜正文字，尤善小篆，规模李斯，甚得其妙。后魏江式《论书表》称：“慎嗟时人之好奇，叹俗儒之穿凿，惋文毁于凡誉，痛字败于庸说，诡更世情，变乱于世，故撰《说文解字》。”这说明许慎鉴于当时社会上一些人昧于文字学而胡乱说解、使用文字，撰写此书，目的在于“理群类，解谬误，晓学者，达神旨”。《说文解字》十四篇，许慎撰著此书历时二十二年。《说文解字》是我国第一部用“六书”理论系统分析字形及考究字源的字典。《说文解字》共收字九千三百五十三个，重文一千一百六十三个，说解十三万三千四百四十一字。此书原本已经被后人纂改，今通行本为宋初徐铉等校定本。此书在后世影响极大，对历史、经学与文字诸领域的研究都有着很大的帮助。

汉代专论书法艺术的论著有蔡邕《篆势》《笔论》等，赵壹《非草书》，曹喜《笔论》，崔瑗《草书势》。这些书学理论著述，对东汉蓬勃兴起的书法艺术创作起了推波助澜的作用。

蔡邕《笔论》：“书者，散也。欲书先散怀抱，任情恣性，然后书之；若迫于事，虽中山兔毫不能佳也。夫书，先默坐静思，随意所适，言不出口，气不盈息，沉密神采，如对至尊，则无不善矣。为书之体，须入其形，若坐若行，若飞若动，若往若来，若卧若起，若愁若喜，若虫食木叶，若利剑长戈，若强弓硬矢，若水火，若云雾，若日月，纵横有可象者，方得谓之书矣。”[①]蔡邕认为作书贵己自然，“随意所适”排除杂念，才能“任情恣性”，心手双畅。

赵壹，字元叔。汉阳西县（今甘肃天水西南）人。体貌魁梧，而恃才倨傲，为乡党所摈，乃作《解摈》。灵帝光和元年（178），为上计吏入京。司徒袁逢主受计，计吏数百人皆拜伏庭中，莫敢仰视，（赵）壹独长揖。（袁）逢望而异之，亲执其手，延置上坐。经袁逢和河南尹羊陟称荐，名动京师。后西归，公府十次征辟皆不就，终于家。著有赋、颂、箴、诔、书、论及杂文十六篇。趙壹所撰写《非草书》是中国书法批评史上第一篇重要文章。他认为一个人在艺术上造诣精深，需要天赋与学识。他认为文字是“经艺之本，王政之始”。他批评一些西州书家忽略了个人气质、才能、学问诸方面的条件，一味苦练草书，会南辕北辙，不可能达到杜度、崔瑗、张芝诸大家的境界的。

赵壹《非草书》中以嘲讽口吻描述了一些习草书者钻研草书废寝忘食，近于痴狂的情景：“凡人各殊气血，异筋骨。心有疏密，手有巧拙。书之好丑，在心与手，可强为哉？若人颜有善恶，岂可学以相若耶？昔西施心疹，捧胸而颦，众愚效之，只增其丑；赵女善舞，行步媚蛊，学者弗获，失节匍匐。夫杜（度）、崔（瑗）、张（芝）子，皆有超俗绝世之才，博学余暇，游手于斯，后世慕焉。专用为务，钻坚仰高，忘其疲劳，夕惕不息，仄不暇食。十日一笔，月数丸墨。领袖如皂，唇齿常黑。虽处众座，不遑谈戏，展指画地，以草刿壁，臂穿皮刮，指爪摧折，见鰓出血，犹不休辍。然其为字，无益于工拙，亦如效颦者之增丑，学步者之失节也。”[②]这也从另一方面反映了汉代读书人重视书法及草书艺术强烈的艺术魅力，人们为之倾倒，并刻苦钻研的情景。

崔瑗《草书势》，文字不长，移录如下：

> “书契之兴，始自颉皇。写彼鸟迹，以定文章。爰暨末叶，典籍弥繁；时之多僻，政之多权。官事荒芜，剿其墨翰；惟多佐隶，旧字是

① 《历代书法论文选》，上海书画出版社，2008年版，第6页。

② 《历代书法论文选》，上海书画出版社，2008年版，第2页。

删。草书之法，盖又简略；应时谕指，用于卒迫。兼功并用，爱日省力；纯俭之变，岂必古式。观其法象，俯仰有仪；方不中矩，圆不副规。抑左扬右，兀若竦崎。兽跂鸟跱，志在飞移；狡兔暴骇，将奔未驰。或黝黭䵒黗，状似连珠，绝而不离，畜怒怫郁，放逸生奇。或凌邃惴慄，若据高临危，旁点邪附，似蜩揭枝。绝笔收势，余綖纠结，若杜伯揵毒，看隙缘巇，腾蛇赴穴，头没尾垂。是故远而望之，摧焉若阻岭崩崖，就而察之，一画不可移。几微要妙，临时从宜。略举大较，仿佛如斯。”①

《草书势》中首先谈到自文字产生就有了书法。草书兴起是佐隶书出现之后，由于应付公文书写，出于仓促窘迫，为了简便快捷，产生新的书体。在体势上破篆、隶书的平稳而呈欹侧之状。后面以具体形象形容抽象的草书艺术。章草不同于后来连绵飞舞的今草，章草用笔持引不发，似断还连，静中寓动，蓄势待发，这就是草书（章草）的“势”。

东汉时书家辈出，灿若群星。著名书法家有杜度、曹喜、师宜官、张芝、张昶、蔡邕、刘德升、班固、许慎、崔瑗、孙敬、张超、赵袭、徐幹、左伯、仇靖、仇绋、朱登、纪伯允、唐综、王绮，女书法家有蔡琰、皇甫规妻等。

唐张怀瓘《书断》云：“自陈遵、刘穆之起滥觞于前，曹喜、杜度激洪波于后，群能间出，角立挺拔。”

张怀瓘《书断》提到的陈遵，字孟公。是西汉末期时人。杜陵（今西安东南）人。少放纵不拘，汉哀帝时以功封嘉威侯。《汉书·游侠传》称其“性善书，与人尺牍，主皆藏去以为荣”。给别人去信，收信的人都予收藏、鉴赏。刘宋羊欣《采古来能书人姓名》称陈遵“善篆隶，每书，一座皆惊”，时人称他“陈惊座”。因陈遵书翰之美，艺惊四座。这也说明书法作品不仅有实用功能，而且已被人们作为艺术品广泛欣赏和收藏。很多书家如曹喜、杜度，崔瑗、刘德升、张芝等传授弟子，形成文人书法流派。

自陈遵后，东汉前期、中期涌现一批书家，主要有刘睦、刘党、曹喜、杜度、崔瑗、崔寔等人。

① 《历代书法论文选》，上海书画出版社，2008年版，第16页。

刘睦，光武帝兄伯升之孙，北海敬王，博识能文辞，少善史书，当世以为楷则。及寝病，明帝使驿马令作草书尺牍十章。

刘党，汉明帝子，乐成靖王，聪慧善史书，喜正文字。

杜度，字伯度。京兆杜陵（今陕西西安东南）人。原名杜操，因避魏武帝曹操讳，后人改名度。东汉章帝时为齐相。汉章帝喜其草书。诏令上表亦作草字。时称“草圣”。唐张怀瓘《书断》“史游始草书（章草），传不纪其能，又绝其迹。创其神妙，其惟杜公”。唐释怀素认为“杜草盖无所师，郁郁灵变，为后世楷则”。南齐王僧虔评杜度草书：“杀字甚安，而书体微瘦。”他的“瘦硬”书风为张芝，崔瑗、崔寔父子等人传承，且发扬光大。

曹喜，字仲则，扶风平陵（今陕西咸阳西北）人。东汉章帝建初中为秘书郎。工篆隶书，尤善篆书，曾见李斯笔势，悲叹不已，作《笔论》一卷，惜早已佚失。他师承李斯而有所创新。善悬针垂露之法，为后世所重。“悬针”是竖划下端出锋，状如悬针。“垂露”是指竖划不出锋，状如其圆如露之垂。这两种均为篆书笔法。邯郸淳曾拜入门下，向他学习篆书。

崔瑗，字子玉，安平人。官至济北相。善篆隶，尤精章草。章草师从杜度，而媚趣超过杜度。张怀瓘《书断》评其“师于杜度，点画之间，莫不条畅，伯英（张芝）祖述之，其骨力精熟过之也”。在汉代他与杜度并称“崔杜”，被誉为“草贤”。南朝梁庾肩吾《书品》曰：“崔子玉擅名北中，迹罕南度，世有得其摹书者，王子敬（王献之，字子敬，羲之季子）见之称美，以为工类伯英（张芝）。”著有《草书势》，为现今最早的书论。对草书的发展有深远的影响。其子崔寔，字子真。官辽东太守、尚书。章草有文风，能传家法。

张芝，字伯英，敦煌酒泉（今属甘肃）人。善隶、行、草飞白书，又妙于作笔（制笔）。师承杜度、崔瑗之法，变章草字字区分为“一笔书”。其草书《急就章》皆一笔而成，气派通达，行首之字，往往继其前行。家之衣帛，书而后染；临池学书，水为之黑。从中可见张芝勤奋学书，“池水为黑”后来成了成语。韦续《九品书人论》列其草书于品上上。他的草书位于“品上上”，可见其高妙无比。晋卫恒《四体书势》：“故伯英（张芝）自称：‘上比崔（瑗）、杜（度）不足，下方罗（晖）、赵（袭）有余。’”这是说张芝自认为成就在崔、杜之下，罗、赵之上，故云。他的字在当时很珍贵，有“寸纸不遗”之说。东汉赵壹《非草书》中谈到西州名士“慕张生之草书过于希孔（子），颜（回）”。张芝草书得简易流速之极，被尊为“草圣”。他的章草书初学杜度、崔瑗，后来加以纵放，剔除波挑，形成字与字相勾连的连绵草书。张怀瓘《书断》谈其草书体势“一笔而成，偶有不连，而血脉不断，及其连者，气候通而隔行”，世称“一笔书”。开后世“一笔书”的狂草之风。著有《笔心论》。主要传授弟子有：姜孟颖（姜诩，字孟颖）、梁孔达（梁宣，字孔达）、韦诞（字仲将）、田彦和等。他们也以草书有名于世。

张昶，字文舒。伯英之季弟。为黄门侍郎。书类其兄，书法次于伯英。时人称为“亚圣”。

田彦和，张芝弟子，善草书，有名于当时。卫恒《四体书势》称其书“殊不及文舒（张昶）也”。

罗晖，字叔景，东汉京兆杜陵（今陕西西安东南）人。官至羽林监。张伯英自谓上比崔（瑗）、杜（度）不足，下方罗（晖）、赵（袭）有余。

赵袭，字元嗣。东汉长安（今陕西西安）人。官至敦煌太守。与罗晖并以能草见重关西，而矜巧自与，众颇惑之，与张芝素相亲善。张芝论己书以为胜袭。

张芝姊孙索靖（239—303），字幼安，西晋时敦煌（今属甘肃）人，曾为尚书郎。与尚书令卫瓘（220—291）俱善草书，皆师张芝，时人号为“一台二妙”。论者谓：“瓘得伯英（张芝）筋，靖得伯英肉。”索靖对其书颇自负，自称“银钩虿尾”之法，并撰有《草书状》。

卫瓘，字伯玉，卫觊子。官至司空。书得自家学，草书取法张芝。其子卫恒，字巨山。善草隶、古文、飞白。恒弟宣、庭，恒子璪、玠，俱工书。卫恒妹卫铄，字茂漪。汝阴太守李矩之妻，世称卫夫人。师承钟繇，尤善隶书。王羲之少时从其学书，是羲之的启蒙老师。魏晋南北朝凡论书则咸推钟（繇）、张（芝）。

东汉中后期，书法艺术上愈益趋于自觉，涌现了大批的书法家。主要有：蔡邕、蔡文姬、班固、师宜官、梁鹄、毛弘、张芝、张昶、姜诩、梁宣、韦诞、罗晖、赵袭、刘德升、王次仲等人。他们有的擅长草书，有的以篆、隶闻名，有的兼擅诸体。而蔡邕、蔡文姬父女，崔瑗、崔寔父子，张芝、张昶昆仲，私相传授笔法，父子兄弟一门书翰。而蔡邕、师宜官、张芝等传授弟子众多，绵延相传形成书法流派。

蔡邕，字伯喈。陈留圉（今河南杞县南）人。官至左中郎将。师事大儒胡广，博学，好著述。著《蔡中郎集》，书论有《篆势》等。工书，善篆书及飞白书。《四体书势》云："邕善篆书，采李斯、曹喜之法，为古今杂形，然精密闲理不如（邯郸）淳也。"又善隶书，《宣和书谱》称："隶书之妙，惟蔡邕一人。"梁武帝萧衍称蔡邕书法："骨气洞达，爽爽如有神力。"汉代今、古文学派相互争执，社会流传的经典屡经辗转传抄，由于年代久远，而谬误较多，以至俗儒解经穿凿附会，贻误后人。《后汉书·儒林传·蔡邕本传》载："熹平四年（蔡）邕奏求正定六经文字，（汉）灵帝许之。（蔡）邕乃自书丹（"书丹"是用朱笔直接书写碑石上，再由工匠镌刻），使工（人）镌刻，立于太学门外，于是后学晚儒，咸取则焉。"蔡邕主持并书写部分《熹平石经》，为了"正经文、正文字，纠正缪误"，也平息汉代今文、古文党派争执。为读书士人提供儒家经典教材范本。这是我国首次大规模镌刻的儒家经典。因其始刻于汉灵帝熹平四年（175），而得名《熹平石经》。《熹平石经》包括《尚书》《春秋》《周易》《论语》《仪礼》《公羊》《鲁诗》七部经过订正的儒家经典。分刻于四十八块石碑上面，其中正文四十六块，又校记两块。石碑两面刻文，每碑先刻正面，再刻反面，然后再续刻第二碑，计二十万零九百一十一字。《石经》虽为众人书写，但由于系正字性质，故全部以谨严端正的隶书写成，是汉隶成熟期的代表作。此碑隶书结体匀称整饬，端整规范，但缺少早期汉隶古朴生动之趣，犹如后来明代的"台阁体"、清代的"馆阁体"。《熹平石经》书法开魏晋南北朝及隋唐隶书艺术的风范。范文澜《中国通史》："东汉末年，经汉灵帝的提倡，文学和艺术在形式上发生了变革。这就是原来寓巧于拙、寓美于朴的作风，现在开始变为拙朴渐消、巧美渐增的作风。"[①]在书法上也是如此，从古厚朴拙、恣律雄浑的书法风格转向优雅端庄、精美秀逸的书法风格。过去有人认

① 范文澜：《中国通史·第二册》，人民出版社，2015年版，第332页。

为此碑是蔡邕一人书写。这样浩大的工程,繁重的书写量绝非蔡邕一人可以胜任。马衡《凡将斋金石丛稿·卷六·石经》中推测:“或人书一经,或一经又分数人,皆未可定。”此说比较合乎情理。此碑始刻于熹平四年(175),成于光和六年(183),历时八年。除议郎蔡邕,还有五官中郎将堂溪典、光禄大夫杨赐、谏议大夫马日磾、张驯、单飏、马晖、韩说等人上奏请求审定六经文字,并参与书碑。四十六块碑刻按顺序排列在河南洛阳城南的太学讲堂前,景象十分壮观。立碑当天以至朝野轰动,“于是后儒晚学,咸取正焉。及碑始立”,“车乘日千余辆填塞街陌”,出现道路被观摩抄写校核及摹写者人群堵得水泄不通的盛况。于此可见东汉崇尚经学、喜爱书法的社会风尚。但是,《熹平石经》生不逢时。东汉末年董卓杀入洛阳,《熹平石经》遭到砸毁。以后历经战乱及朝代更迭,《熹平石经》屡经迁徙、散佚毁损,至宋代已十不存一。武慕姚《毡椎闲话》题《熹平石经》曰:“汉《熹平石经》自经魏、齐、周、隋之播迁,散失毁灭,十不存一。迄唐宋之际,已不多见。”片纸残石,已“宝同球图”。

《熹平石经》对弘扬儒训,对文化的保存和发展起了很大作用。开创了我国历代石经的先河。以后三国魏、唐代、宋代、清代都刊刻过石经。蔡邕还首创飞白书,汉灵帝诏蔡邕作《圣皇篇》,文章作好后,蔡邕赴鸿都门,当时汉灵帝正命修饰鸿都门,蔡邕待诏门下,“见役人以垩帚成字,心有悦焉,归而为飞白之书”。这说明蔡邕创为飞白书,是受工人用扫帚刷字的启发。后来蔡邕以飞白书为宫殿题署,“势既经丈”,可见是擘窠大书。飞白书,以其形式新颖,富装饰性,在汉末魏初常用于题署宫庙匾额,后世又常被用来书写碑额和墓志盖。东晋王羲之、献之父子均能作飞白书。

刘德升,字君嗣。颍川(今河南禹县)人。冯武《书法正传》云:“其造行书,钟繇师之,所谓行押书也。”其行书“丰赡妍美,风流婉约,独步当时”。行书归于刘德升一人所造,显然不是事实,这从大量出土汉简可证。应该是在吸取大量民间行书基础上,刘德升进行规范和艺术加工,使民间流行的行书趋向规范和美观。汉末入魏的钟繇、胡昭皆出其门下。庾肩吾《书品》云:“德升之妙,钟、胡各采其美。”他们传承刘德升行书各显个性和风格，有“胡肥钟瘦”之称。《书辑》云：“德升小变楷法，谓之行书。兼真谓之真行，带草谓之草行。”

王次仲，上谷（今河北怀来东南）人。被后人认为是首创八分（汉隶）书体者，蔡邕《劝学篇》云：“上谷王次仲，初变古形。”显然，王次仲对八分书做过研究整理工作。北魏王愔云：“次仲始以古书方广少波势，建初中，以隶草作楷法，字方八分，言有楷模。”“八分”即是汉隶。

左伯，字子邑，一作子邕。东汉东莱（今山东黄县东南）人。特工八分书（汉隶），小异于邯郸淳，亦擅名于汉末。又甚能作纸，尤得其妙。左伯纸妍妙辉光，与韦仲将（韦诞）之墨、张伯英（张芝）之笔并称于世。

班固，字孟坚，扶风安陵人，班彪之子。东汉明帝时典校秘书，续成父班彪之《西汉书》。《书小史》称其九岁能属文，好古，工篆。李斯、曹喜之法，悉能究之。其弟班超随兄班固到洛阳，班固任校书郎，家境贫困，班超为奉养母亲，“常为官佣书”（《后汉书·班超传》）。班超后来投笔从戎，成为沙场名将。

东汉首都洛阳有图书交易市场，东汉学者王充“家贫无书，常游洛阳书肆，阅所卖书，一见辄能诵忆，遂博通众流百家之言”（《后汉书·王充传》）。王充，字仲任。浙江上虞人。师事班彪，好博览，不守章句。仕为郡功曹，以数谏诤不合去。闭门潜思。著《论衡》八十五篇，晚年著《性书》十六篇。

东汉鸿都门学书家群中以师宜官、梁鹄、毛弘最为著名。

师宜官，南阳（今属河南）人。汉灵帝好书，征天下工书者于鸿都门，至数百人，八分称宜官为最。“大则一字径丈，小乃方寸千言，甚矜其能。”师宜官不仅擅长八分（汉隶），且能大能小。说明他能书径丈榜书，又能于方寸之地书写千言，作微型书法。性嗜酒，或时空至酒家，书其壁以售之，观者云集，酤酒多售则铲去之。巨鹿《耿球碑》，袁术所立，师宜官书。

梁鹄，字孟皇，安定乌氏（今甘肃平凉）人。少好书法，以善八分知名，汉灵帝重之，亦收罗在鸿都门下。梁鹄师法师宜官，师善小字，梁善大字用笔尽势。梁鹄以善书官选部尚书。但因人品不佳，为士大夫所鄙视。曹操破荆州，募求梁鹄署军假司马，在秘书，以勤书自效。曹操悬挂梁鹄书法于军帐中，或钉墙壁赏玩，以为梁鹄书法胜师宜官。曹魏宫殿题署，多是梁鹄手书。邯郸淳与梁鹄二人均擅长八分（汉隶）书，梁鹄以大字胜，邯郸淳以小字胜。梁鹄曾评曰，邯郸淳字得王次仲之法度，而梁鹄自己用笔，则能尽王次仲之势态。梁武帝萧衍评其书云："龙威虎震，剑拔弩张。"

梁鹄弟子毛弘，字大雅。阳武（今河南原阳东南）人。献帝时为郎中，教秘书郎书法。精研隶书，亦成一家法。兼善古文、章草。魏晋时人皆以为法。

鸿都门学书法家大都出身寒微，有些人品行欠佳。他们擅长的书体是鸟虫篆和八分书。鸟虫篆是一种杂体篆，装饰性强。鸿都门学书家风格以方整修饰为特色，后来趋向程式化。所以鸿都门学书法家对后世影响甚微。

东汉前期隶书碑刻和刻石，承袭了西汉末期书法风格，所以其笔画无波势和有波势的两种风格并存。东汉前期隶书已是官方正式书体，公文报告、刻碑铭石多用隶书。东汉中期以后，碑刻盛行天下，刘勰《文心雕龙·诔碑》云："自后汉以来，碑碣云起。""摩崖丰碑，几遍天下。"立碑铭石多为封建统治者用于崇祀神灵、记史述事、纪功述德、褒美扬善或铭刻儒家经典，起教化作用，以期永垂不朽。因为歌功颂德、树碑立传意在以垂永久，故碑文要求典雅华美，书法要求端整严谨。这些碑刻虽劳民伤财，但客观上为书法艺术的传播与发展创造了有利条件，同时也为后人留下了数量可观的千古名碑，成为研究当时社会及书法艺术的珍贵实物。对考证史籍、辅翼方志也有重要意义。两汉时期书法家墨迹，历经千年风雨，又经历无数次兵燹战乱，大多湮灭无存。只有从遗存的石刻、出土的竹木简牍帛书，以及铜器铭文中，来探究其时书法，从碑刻刻法中追溯其书法及笔法。

西汉无碑刻，宋欧阳修《集古录》云："至后汉以后，始有碑文，欲求前汉丰碑大碣，卒不可得，是则冢墓碑。"确实如此，西汉时期刻石多为冢墓刻石，数量少，且文字简少，尚处于古隶阶段，已变篆书结构，体势由纵势变为横势，转折处易圆为方，笔画平直，没有波挑，如《司马长元石门题字》《杨孟元墓石柱题记》《杨量买山地刻石》《莱子侯刻石》《居摄两坟坛刻石》《鲁孝王刻石》《孝禹刻石》《李业阙》等。此期刻石虽少，但对文字书体演变和沿革有重要意义。

一、杨量买山地记，全称《汉巴州民杨量买山地刻石》。西汉地节二年（前68）刻。隶书。五行，二十七字。此刻石用笔圆润厚重，质朴浑厚，波磔内敛，未能尽脱篆意。清文朔评曰："结构浑朴，波磔劲拔，意在篆隶之间。"

二、鲁孝王刻石，全称《鲁孝王泮池刻石》，亦称《五凤刻石》。西汉宣帝五凤二年（前56）六月四日刻。隶书。石在山东曲阜孔庙。此刻石方形，隶书三行，共十三字；石侧有金代高德裔楷跋文，详记获石始末。此刻石略有篆势，笔画在圆转中已呈方折体势，起笔收笔无波磔。书风雄浑古朴，是由篆向隶过渡的书风。

三、莱子侯封田刻石，亦称《天凤刻石》《莱子侯赡族戒石》《莱子侯封冢记》。新莽天凤三年（16）刻。清嘉庆二十二年（1817）颜逢甲等得于山东邹县西曹社卧虎山前。后移置邹县孟庙致严室。隶书七行，行五字。此刻石书法以篆为隶，苍劲简直，古朴自然，拙中见巧，是由篆变隶的代表作。

四、麃孝禹刻石，亦称《麃孝禹碑》。西汉河平三年（前26）刻。隶书。两行，十五字。石在山东省博物馆。此石书法用笔圆健瘦劲，微有篆意，结体宽舒婉通，是篆隶嬗递时期书迹。东汉碑刻多集中在东汉中、晚期，汉桓帝、灵帝之际。书体多为隶书，汉碑隶书结体用笔的风格缤纷多彩，汉隶的气势雄伟瑰丽，流风余韵影响后世。汉代碑刻中，篆书碑刻很少，却别具风格。遗存至今、历劫不磨的汉碑已是珍贵文物。

东汉中、晚期，桓帝、灵帝之际，政治腐败，厚葬成风，门生故吏为州郡长官歌功颂德、树碑立传，也为后世留下了大量碑碣刻石。东汉碑刻书体多为隶书，也有少量篆书、楷书侧席其间。此期汉隶结构横平竖直，线条变化丰富，其点画俯仰，撇捺显明，用笔有轻重、顿挫，转折变化更富艺术美感，已完全脱离了篆意，成为纯粹隶书。桓帝、灵帝时文艺昌盛，书家辈出，灿若群星，隶书已到成熟期，趋于定型化。此期隶书结体、笔法、风韵已是争奇斗妍、异彩纷呈。结体参差错落，用笔技法更为丰富，点画俯仰呼应、提按顿挫，笔画一波三折，书法风格繁多，千姿百态，蔚为大观，形成汉隶鼎盛期。

东汉末期隶书盛极而衰，趋向程式化，体势由横势向纵势发展，波磔已不显明，隶书渐渐衰败，新兴书体楷书、今草崛起。汉末又出现了笔画姿态与真书相近，字与字之间有顾盼或联缀的草书，后人称之为“今草”。篆、隶、草、楷、行五体虽已出现，但今草、行书、楷书都还未成熟，尚处于过渡阶段。著名草书名家有杜度、崔瑗、张芝等。

汉隶流传下来主要是通过石刻，铜器铭文较少，至于竹木简牍、帛书，近代才有大量出土。

汉碑书写者多不署名，少数有署名者，如《郙阁颂》为从史仇绋书，《西狭颂》以史位仇靖书，《衡方碑》以史位朱登书，《樊敏碑》为刘燥书，《西岳华山碑》为书佐郭香察书，《刘斑碑》为纪伯允书。这些名碑多出于“书佐”“胥吏”之手，多为名不见经传的小人物。这些书佐、胥吏、民间书人，在长期书写实践中不断提高，都能取得相当的艺术成就。汉末一些名碑，因无署名，常附会为蔡邕书，因其名望高，多为猜测，实不可信。清刘熙载《艺概》云：“秦碑力劲，汉碑气厚，一代之书，无不肖于一代之人与文者。”道出了时代精神与书法风格的辨证关系。东汉隶书碑刻最盛，这些碑刻书于不同时期，出自不同地区书吏之手，虽然书写者视碑刻功能与文字内容，都按当时的标准，隶书书写字体规范、庄重，但却各显其能，面貌大不相同，一碑有一碑之风格。统观之，汉碑尽管风格不同，但“气厚”是其共同特点。与汉碑雄劲朴厚相比。后世隶书不免薄怯，欠厚重。汉碑流派纷呈，风格各异，极臻其妙。或古雅朴茂，或拙朴沉厚，或方整遒丽，或奇逸奔放。被清人誉为“各出一奇，莫有同者”。这些风格众多的东汉碑刻，形象地说明东汉书法艺术达到了高峰，它们具有鲜明的时代特征，又各具个性，有着缤纷多彩的艺术风格。

下面试分类评述东汉碑刻：

一、古拙浑厚、朴茂雄强类

1. 《张迁碑》并碑阴

全称《汉故谷城长荡阴令张君表颂》。东汉灵帝中平二年(185)刻立。此碑是张迁下属官吏为纪念张迁的政绩而集资建造,碑文记述张氏

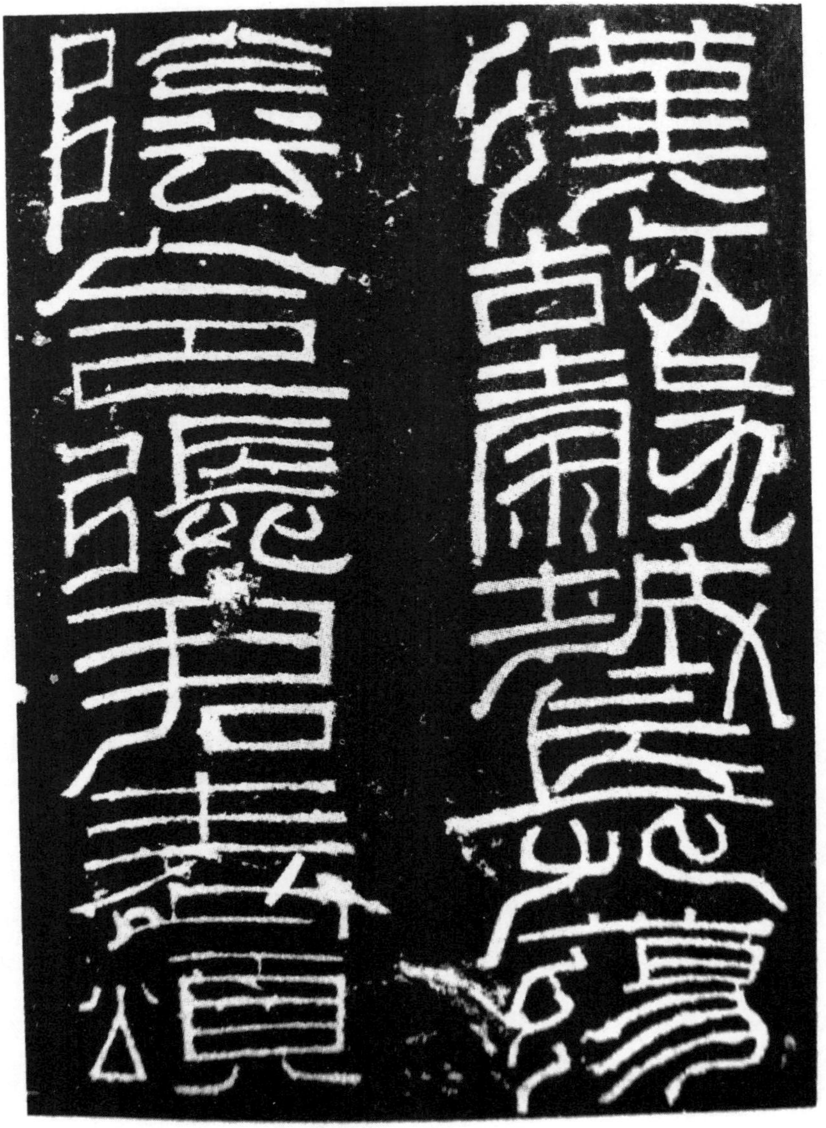

图一　东汉《张迁碑》

祖先及张迁为谷城之长时的政绩。碑阴刻参与立碑人名及所捐钱款。明初出土，碑石立在山东东平县。此碑书法结体方正，笔墨凝重，雄浑朴茂，方劲高古，结体多变，拙中寓巧。用笔多取方笔，笔方势圆，取势平直；外方内圆，起落笔多取上下之势，故笔短而意长。碑阴字多完好无损，用笔雄健酣畅，是汉碑中方笔用笔的典型之作。

2.《衡方碑》

全称《汉故卫尉卿衡府君碑》，东汉灵帝建宁元年（168）刻。碑石汉碑书写者多不署名，少数署名，此碑为朱登书。在山东汶平县。其书体古健丰腴，笔画肥厚古拙，结体宽绰稳重，寓变化于平正之中。敦厚中见秀逸，严整中见险峻。在布白上行密格满。气魄宏大。

3.《鲁峻碑》并碑阴

全称《汉司隶校尉鲁峻碑》，东汉灵帝熹平二年（174）刻。碑石在山东济宁。此碑结体方整丰腴，宽博厚重，气势磅礴。碑阴亦精美可爱。

4.《鲜于璜碑》并碑阴

全称《汉故雁门太守鲜于君碑》。东汉桓帝延熹八年（165）刻。碑呈圭形，高二百四十二厘米，宽八十一至八十三厘米。碑阳十六行，每行三十五字；碑阴十五行，行二十五字。计八百二十七字，其中损七字。1973年出土于天津武清县。碑文记述鲜于璜的生平经历，最终官职为雁门太守。碑阴则记述鲜于璜家族世系。此碑书法风格近似《张迁碑》，以方整稳重、宽博古厚见称。用笔取方笔，下笔和收笔处不露锋芒，含蓄浑厚。结字方长、圆扁皆有，字形长短参差，错落有致。碑阴用笔不似碑阳工整，有时不受界格约束，变化多端。在严整中更见奇纵恣肆。

5.《西狭颂》

全称《汉武都太守汉阳阿阳李翕西狭颂》，记颂武都太守李翕治理西狭阁道的事迹。故亦称《李翕颂》。东汉灵帝建宁四年（171）刻。隶书。碑在甘肃成县天井山。为摩崖刻石，此碑字体方整厚健，博雅雄沉，布白句整、疏密有致；用笔朴厚，方圆殊趣，粗细兼施，挥洒遒劲自如。清姚孟起称《西狭颂》楷意多，多言其字形方整。汉隶“三颂”（《石门颂》《西狭颂》《郙阁颂》），唯此碑最近楷法。

6. 《校官碑》

江南地区汉碑寥寥可数，《校官碑》有"江南第一名碑"之称。全称《汉溧阳长潘乾校官碑》。东汉灵帝光和四年(181)刻。隶书。碑高一百三十四厘米，宽七十七厘米，呈圭形，上端有一孔。碑阳十六行，行二十七字；碑阴题名三列，上列三行，下列五行。碑额隶书四字："校官之碑"。宋时尚立于溧水县学内，现藏南京博物院。碑文记述汉溧阳长潘乾品行和德政，"构修学宫"，宣扬教化。此碑隶书章法字距行距茂密，用笔肥厚遒劲、方正朴茂，气势沉雄，有汉初由篆转隶的文字风貌，具早期隶书之风范。可与《张迁碑》《衡方碑》相伯仲。杨守敬评为"方正古厚"。沈曾植认为其"结字作笔，沉郁雄宕，北通《夏承》，南开《天发(神谶)》。吴会书自有一种风气，略近中郎(蔡邕)，而益畅土风。《谷朗》《爨碑》，皆其遗韵"。

二、纵肆奔放、气势雄健类

1. 《石门颂》

全称《司隶校尉犍为杨君颂》，亦称《杨孟文颂》。东汉桓帝建和二年(148)刻。此颂为摩崖刻石。隶书。刻在陕西褒城县东北褒斜谷石门崖壁。后来因建设需要，已整体迁移至陕西汉中博物馆。此碑就山崖刻凿，结字形态大小不一，多用圆笔，洒落自然，开张峻爽，富于变幻。碑中"命""升"字垂笔写得特长，如汉简风韵。每笔起处逆锋运行，中间运行道缓，收笔复以回锋，圆劲流畅，字里行间颇具篆意，用笔放纵恣肆。自出机杼，不可端倪。有"隶中草书"之称。清张祖翼说《石门颂》："盖其雄厚奔放之气，胆怯者不敢字，力弱者不能字也。"清杨宋敬云："其行笔真如野鹤闲鸥，飘之欲仙，六朝疏秀一派皆从此出。"有人称《石门颂》为汉碑之翘楚。

2. 《开通褒斜道石刻》

名《鄐君开通褒斜道摩崖》，又名《汉中太守巨鹿鄐君褒斜道碑》。东汉明帝永平六年至九年(63—66)，碑文记述汉中太守鄐君受诏承修褒斜道，用广汉蜀郡和巴郡刑徒两千六百九十人，历时三年终于开通褒斜道的经过。并记录工程量、用工数等，颇具史料价值。此碑原在陕西褒城县（今勉县）北石门谷道中，1971年因兴建褒水大坝，已移置汉中博物馆。因系摩崖刻石，分行布白及字形大小须据石面情况而定，首重整体大的艺术效果。章法上无行列，密不容针，碑高二百七十厘米，宽二百二十厘米。现存九十七字，字径九至十六厘米，凡三列十六行，行五至十一字不等。此碑要比《石门颂》早一个世纪，处于汉隶由篆书演变时期。此碑字体长短广狭，参差不齐，书法简古严正，气势开张，天然古秀，浑朴苍劲。此碑中锋行笔与篆法相通，文字线条简洁明快，粗细变化不大。没有波磔和隶书的蚕头燕尾。铭文妙在线条直中有曲，虽然线条方整平直，却予人放逸飞动、奇趣横生之感。

3.《杨淮表记》

全称《司隶校尉杨淮从事下邳相弼表记》，摩崖书，在陕西褒城石门西壁，现已移置汉中博物馆保存。隶书，七行，行二十五六字不等。东汉灵帝熹平二年（173）刻。同郡卞玉过杨淮墓，勒此铭颂杨淮及其弟弼之功德。此碑书法奇逸稚拙，圆劲遒美，奇崛挺拔，参差古拙，与《石门颂》同一眷属。康有为评其书："润泽如玉，出于《石门颂》，而又与《石经·论语》近，但疏荡过之。"

4.《封龙山颂》

也称《封龙山碑》。东汉桓帝延熹七年（164）刻。此碑于清道光二十七年（1847）发现，石有剥落，但文多可读。隶书十五行，行二十六字。无碑额。书法笔画较细，但遒劲豪放，笔致闲雅，结体方中带长，锋芒内敛于中见奇，富于变化。清杨守敬《平碑记》认为汉隶气魄之大，无逾此碑。

三、精整秀雅、舒朗飘逸类

1.《曹全碑》

全称《汉郃阳令曹全碑》。东汉灵帝中平二年（185）十月立。记述郃阳县令曹全的家世和事迹。明万历初陕西郃阳县旧城出土。隶书。碑阳二十行，行四十五字；碑阴五列，第一列一行，第二列二十六行，第三列五行，第四列十七行，第五列四行。碑文系王敞等记曹全功绩而立。清万经评其书云："秀美飞动，不束缚，不驰骤，询神品也。"此碑结体字距、行距空阔，书风秀润典雅，遒秀逸致，风姿翩翩，此碑笔法继承篆书运笔法，以圆笔为主，用笔圆匀，柔中寓刚，用笔严谨而显多姿，是汉隶中用圆笔为主的典型之作。

2.《孔宙碑》

全称《有汉泰山都尉孔君之碑》，此碑刻立于东汉桓帝延熹七年（164）七月。碑文记述孔宙生平事迹。碑阴开列门生、故吏、弟子、门童姓名籍贯。碑石现存山东曲阜孔庙。碑高二百四十三厘米，宽一百三十三厘米，圆首，穿在额上。隶书。碑文十五行，每行二十八字，碑阴刻六十二名主碑者姓名，额篆"门生故吏名"五字。此碑书体舒展纵逸，波撇分明，布白疏朗，雍容大方，规矩中见流动，笔趣高妙。康有为说："《孔宙》《曹全》是一家眷属，皆以风神逸宕胜。"

3.《华山碑》

全称《西岳华山庙碑》。此碑石原在陕西华阴县西岳华山庙中。明嘉靖三十四年（1555）关中大地震中毁亡。东汉桓帝延熹八年（165）四月立。碑文二十二行，行三十八字。碑文记录了祭山岳，修神庙，祈求天降甘霖的事。此碑结字匀整茂密，遒劲端丽，笔法精到，用笔方圆兼备，波磔分明，结体疏朗，古雅华丽。清代金冬以研习此碑深受教益，自创"漆书"。

四、端庄典雅，古逸秀劲类

1.《史晨碑》

全称《汉史晨谒孔严后碑》。有两碑，并刻于一石。东汉灵帝建宁二年（169）刻。碑正刻《鲁相史晨祀孔子奏铭》，俗称《史晨前碑》；碑阴刻《鲁相史晨飨孔子庙碑》，俗称《史晨后碑》。《后碑》刻于东汉灵帝建宁元年（168）。《飨孔子庙碑》先于《祀孔子奏铭》，俗称《奏铭》为《史晨前碑》实误。碑在山东曲阜孔庙。《前碑》隶书十七行，行三十六字；《后碑》隶书十四行，行三十六字。此碑书法方正端整，规范典雅，有"庙堂之气"，书风温纯端整，如纯金美玉，用笔则方圆并用，波磔舒展开张，顿挫抑扬有致，点画蕴藉而有韵律感。清万经评此碑书法云:“修饬紧密,矩度森然,如程不识之师,步伍整齐,凛不可犯,其品格当在《卒史》《韩敕》之右。”方朔跋此碑云:“书法则肃括宏深,沉古遒厚,结构与意度皆备,洵为庙堂之品,八分正宗也。”堪称隶书中整饬一路代表作。

2. 《乙瑛碑》

全称《汉鲁相乙瑛请置孔庙百石卒史碑》,又名《孔庙置守庙百石孔龢碑》《孔庙置守百石卒史碑》。东汉桓帝永兴元年(153)所刻。碑文记述汉鲁国相乙瑛请求于孔庙置卒史执掌祭祀的往返公文,以及对乙瑛的赞辞。隶书。碑文十八行,行四十字。此碑是汉隶成熟的典型作品。碑文书法法度严谨,结体方正,用笔方圆兼备,笔意分明,用笔宛转沉厚,结体方正,骨肉匀适,情文流畅。笔墨凝重中见舒展。

3. 《礼器碑》

全称《汉鲁相韩敕造孔庙礼器碑》。东汉桓帝永寿二年(156)立。亦称《韩敕碑》《修孔子庙器志》。碑石在山东曲阜孔庙。隶书。碑正十六行,行三十六字;碑阴三列,列十七行;左侧三列,列四行,右侧四列,列四行,东汉永寿二年(156)立。碑文记述鲁相韩敕修饰孔庙、制造礼器等活动,亦吏民以颂令君之德政者。碑阴及两侧乃刻当时资助刻立官吏姓名及钱数。此碑书法用方笔为主,用笔比《张迁碑》重,瘦健挺拔,端庄典雅,结体寓疏秀于严密之中。清王澍评此碑:“此碑瘦劲如铁,变化若龙,一字一奇,不同端倪。”碑阴、碑侧在端庄工整中略带秀逸端丽。

4. 《韩仁铭》

全称《汉循吏故闻熹长韩仁铭》。东汉灵帝熹平四年(175)刻立。金正大五年(1228)为荥阳李辅之发现。后移置荥阳县署。隶书。碑文八行,行十九字。碑文系记述韩仁政绩。碑文书法书体疏朗,行笔遒劲,流畅开张。清杨宋敬评其书云:“清劲秀逸,无一笔尘俗气,品格当在《百石卒史》之上。”碑额篆书“汉循吏故闻熹长韩仁铭”两行十字,其书法结体长短随字结构,平实端稳,宽博疏朗,行间茂密,和而能变,与碑文隶书同出一手,可称双绝。

5. 《刘熊碑》

全称《汉酸枣令刘熊碑》。又称《酸枣令刘孟阳碑》。隶书。无年月，原石久佚。1915年顾燮光于河南访得残石一块，存碑阴八行，计六十三字。现藏河南延津县文化馆。此碑唐代以来或以为出于蔡邕手笔，历代聚讼，迄无定论。书法古逸秀劲，近似《曹全碑》，但气局较大，而用笔谨严，结体安详，意太舒展，气度沉雄，则远在《曹全碑》之上。

6. 《尹宙碑》

全称《汉豫州从事尹府君铭》。东汉灵帝熹平六年(177)四月立于今河南鄢陵。篆额已残，仅存"从""铭"二字。碑文系赞颂尹宙功德。碑文凡十四行，每行二十七字。文字基本完整。书法方整浑穆，结字宽博疏放，笔法圆健遒劲，于楷为近。在汉隶中别具一格。清王虚舟认为此碑"唐人祖其法者，敛之则为虞伯施(虞世南)，扩之则为颜清臣(颜真卿)"。

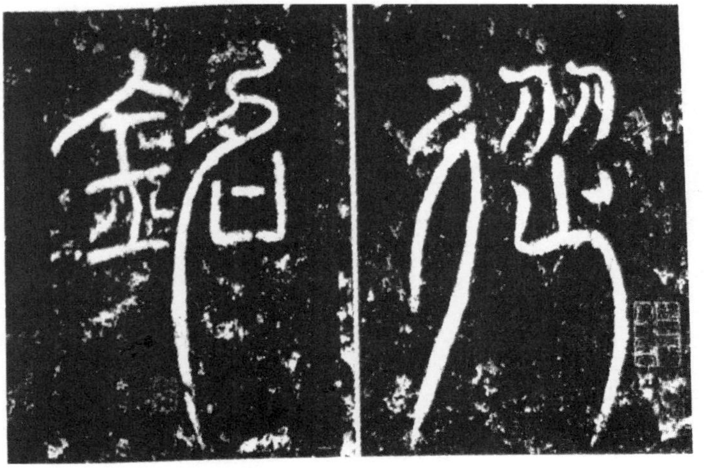

图二　东汉《尹宙碑》

7. 《孔彪碑》

全称《汉古博陵太守孔府君碑》。建宁四年(171)立于今山东曲阜孔庙。碑文凡十八行，满行四十五字。碑文格式稀疏，字距、行距空阔，空灵洒脱，字体娟美，秀润清逸，楚之可观。清万经《分来偶存·汉魏碑考》称："且纯以楷法运用，微作波磔，所谓剑拔弩张者，一切无之矣。"

8. 《夏承碑》

全称《汉北海淳于长夏承碑》。亦称《夏仲兖碑》。东汉建宁三年

(170)六月立。隶书。十三行,行三十字。额篆书"北海淳于长夏承碑"八字。明王世贞跋此碑云:"其隶法时时有篆籀笔,与钟、梁诸公小异而骨气洞达,精彩飞动。"康有为谓其"风格高浑,称为别体。"清王澍评此碑云:"此碑字特奇丽,有妙必臻,无法不具。……然汉人浑朴沉劲之气,于斯雕刻已尽……"此碑书法奇丽飞动,可贵在隶法中参篆籀笔意。

9.《朝侯小子残碑》

亦称《小子残碑》。隶书,碑阳存十四行,行十五字,碑阴存十字。此碑书法风格平和端庄,秀劲峻美,近似汉隶名碑《史晨碑》《张景碑》。此碑书法用笔方圆兼施,法度森严。

五、方整峻拔,古朴雄奇类

1.《张寿碑》

全称《汉竹邑侯相张寿碑》。亦称《张仲吾碑》。东汉灵帝建宁元年(168)五月立。与《衡方碑》同时,碑石在山东城武孔庙(今山东成武县)。在明代被人改作碑座后,存隶书十六行,行十五字。碑中凿孔处占十行,行灭四字。此碑书法结体方整遒劲,结字中敛,笔势遒劲多姿。书法古朴雄奇,用笔朴质。秦文锦云:"怀宁邓山人(石如)结体用笔与此绝类,疑其曾学此碑。"

2.《郑固碑》

全称《汉郎中郑固碑》。东汉桓帝延熹元年(158)四月立。立于今山东济宁。额篆书"汉故郎中郑君之碑"八字。碑文凡十五行,满行二十九字。清初仅存上段二百五十四字,雍正六年(1728)李鹍得原石右下角,乾隆四十三年(1778)李东淇掘得中段凡十字。翁方细评其碑:"密理与纵横兼之,此古隶第一。"杨守敬云:"是碑古健雅洁,在汉隶亦称杰作,尤少积气,《礼器》之亚也。"

3.《景君铭》

全称《汉故益州太守北海相景君铭》。东汉顺帝汉安二年(143)立。碑在山东济宁。隶书。碑阳十七行,行二十三字,碑阴四列,列各十八行,惟第四列为二行;字视碑文差小。末记文两长行,行四十二字。明王

图三　汉《景君铭》

世贞评其书云："书法故自古雅。"康有为评其书云："古气磅礴，曳脚多用籀笔，与《天发神谶碑》相似，盖和帝以前书皆有篆意。"此碑方整宽博。用笔以方笔为主。

综上所述，可见东汉树碑之风盛行，碑文书法隶书为主流。但篆书并未受冷落，在碑刻、碑额及铜器铭文、玺印印文、瓦当铭文中仍大有用武之地。汉代篆书，虽"汉承秦制"，在形状上与秦篆大体相似，但细察之下，汉代篆书有继承更有发展。汉代篆书独具风貌，有鲜明的时代特征。由于隶书在汉代广泛运用中日趋成熟，篆书日渐式微。汉篆虽脱胎于秦篆，但受流行隶书的影响，汉篆结体变秦篆结体修长，而趋于结体方正，笔画由繁难趋于简易，笔画线条由圆而方，方圆互用，线条由秦篆方整稳健，变为有顿挫，有粗细，较秦篆更为灵动多姿。如《袁安碑》碑文虽为小篆，但比秦篆生动，运笔流畅而朴厚，更与秦篆不同的是用笔有顿挫，线条有粗细变化，显得摇曳多姿。

东汉篆书碑刻虽寥若晨星，但东汉篆书在继承秦篆基础上有所发展。篆书在东汉作为古体字，在日常生活中已较少使用，多用于碑刻碑额等庄重场合，更显古雅郑重，又富有装饰性。

下面分别介绍东汉篆书碑刻及篆书碑额。

一、《祀三公山碑》，全称《汉常山相冯君祀三公山碑》，东汉安帝元初四年(117)立。俗称《大三公山碑》。立于河北县城外。篆书。凡十行，行十七至二十个字不等。碑文内容为冯君到任后，祈祷三公山神保佑丰收、国泰民安等。立碑年月残，碑文开首仅有"□初四年(清翁方纲考为东汉元初四年，117年)，常山相陇西冯君到官，承饥寒之后"云云。此碑清乾隆三十九年(1774)为元氏县令王治岐访得。今在河北元氏县西北十五公里封龙山下。此碑书体在篆隶之间，亦称"缪篆"。结构以隶仿篆，用笔化篆之圆转为隶之方折，又时露隶书结体。此碑章法有行无列，字形参差，大小错落。起笔方圆并用，收笔偏细。此碑是字体演变由篆入隶入草的一个明证。清方朔跋此碑云："乍阅之有似《石鼓文》，有似《泰山》《琅琊台刻石》，然结构有圆亦有方，有长行下垂，亦有斜直偏拂；细阅之下，隶也，非篆也。亦非徒隶也，乃由篆而趋于隶之渐也。仅能作

图四　汉《祀三公山碑》

隶者不能为此书也，仅能作篆者亦不能为此书也，必能两体兼通，乃能一家独擅。”此碑书法转折全用隶法，方劲雄伟，纯古遒厚，细瘦劲健，朴茂瑰奇。书法与秦诏版文字相近。三国吴皇象《天发神谶碑》应脱胎于此碑，清邓石如篆书从此碑出，晚清赵之谦、黄牧甫篆书，近代齐白石篆书亦深受此碑影响。另有两碑极易与此碑混淆，不可不作介绍：

（一）《汉三公山碑》，建于东汉灵帝光和四年（181）。在元氏县城角儿村八都神坛，清道光二十七年（1847）移置元氏县文清书院。杨宋敬《平碑记》称：“字已细瘦，笔意不复可寻，而劲健之气自在。”

（二）《三公山神碑》。东汉本初元年（146）刻，在汉北元氏县封龙山南苏村出土。隶书，漫漶已甚。

二、《袁安碑》，东汉和帝永元四年（92）闰月（闰三月）庚午（二日）立，1929年发现于河南偃师。现藏河南博物院。碑石已残。碑石高一百三十九厘米，宽七十三厘米。碑文存十行，行十五字，第八行十四字，末行九字，碑中心有穿，让出四字，共存一百三十五字。袁安为东汉名臣，官至司徒。此碑记载袁安一生仕历，文字简洁。此碑篆书结字宽博，行气疏朗。虽为小篆写法，但与秦篆有别，结体从秦篆长方变方正，线条细劲，匀称圆润，精整遒茂，用笔可见起伏变化。书风婉润遒劲，富装饰美。

三、《袁敞碑》，东汉安帝元初二年（115）立。1922年出土于河南偃师，上下均断，残蚀严重，中间穿孔与《袁安碑》同。袁安与袁敞是位至三公的父子。篆书。书法笔线丰腴、流丽，多曲式，宽博平和，婉约多姿。

四、《开母庙石阙铭》，全称《嵩山开母庙西石阙铭并题名》。篆书。东汉安帝延光二年（123）刻立。凡二十五行，行十五字；下方题名十二行，行七字。碑在河南登封，与《嵩山泰宝石阙铭》《嵩山少室石阙铭》合称“嵩山三阙”。铭文记述大禹治水三过家门而不入的事迹。其书法体势呈方形，用笔圆转，线条方圆兼具，顿挫转折遒劲有力，凝重深厚，书风雄伟壮观、大气磅礴。康有为评为“茂密浑劲”。

五、《少室石阙铭》，全称《嵩山少室石阙铭》《中岳少室石阙铭》。据清王澍考证为东汉安帝延光二年（123）刻立。碑在河南登封邢家铺。分东西两阙。东阙隶书，四行，行六字。西阙篆书，存二十二行，行四字。

图五　汉《嵩山开母庙石阙铭》

额篆书阳文"少室神道之阙",三行六字。郭尚先《芳坚馆题跋》认为此碑"犹有秦二十九字碑(《泰山刻石》)余势"。秦《泰山刻石》是秦始皇二十八年(前219),始皇东巡泰山,丞相李斯为歌颂秦德而作。书体为小篆,传为李斯所书。《泰山刻石》四面刻字,三面为始皇诏,一面为二世元年(前209)诏与从臣姓名。此石结体谨严工整,书法圆润婉转,遒丽厚重。《少室石阙铭》篆法方整近似秦《泰山刻石》。此碑篆书略具长方形,取纵势,线条劲利,方折处皆圆转。此碑篆书妙在既不同于《袁安碑》《袁敞碑》,又不同于《泰山刻石》,而别具茂密浑劲、婉丽端庄之风姿。这几方东汉篆书碑刻书法皆为由秦篆过渡为汉篆的书体。

东汉通行隶书,碑刻自然多为隶书。除了上述少量篆书碑刻外,还有一些碑刻碑文为隶书,但碑额的书体,为了显示庄重古雅,往往采用比隶书更古老的篆书体。碑额有阴文篆书,也有阳文篆书。书体风格也多姿多彩。

东汉碑刻碑文书体多为隶书,碑额用篆书不少。碑额篆书字数不多,但部位显要,犹如人之眉目,故书写、镌刻多精良,常在庄重神圣场合使用,碑额篆书虽未尽脱秦篆署书范畴,但已不同于秦代小篆,笔法从方圆转变为方折,结体也从长方趋向方正,横画还略带波挑。还有篆书上敛下舒,下垂线条作悬针状,如《尹宙碑》《西狭颂》《王舍人碑》《三老椽赵宽碑》等碑额篆书,下垂线条作悬针状,这种在秦小篆基础上,融入六国古文用笔的篆书,可上溯到汉明帝时曹喜。他善篆隶,尤善悬针垂露之法。还可追溯至西周大盂鼎瑰异遹奇的铭文、春秋战国时中山王厝鼎修长华美的铭文,两鼎铭文书法不同,但篆文线条尾部收笔尖细。汉碑额篆法在后世碑刻中影响深远,如魏《三体石经》,吴《天发神谶碑》均渊源于此,唐朝《峿台铭》也用悬针篆书碑。

一、《张迁碑》,额篆书两行十二字:"汉故榖城长荡阴令张君表颂"。清方朔《枕经堂金石书画题跋》:"碑额十二字,意在篆隶之间而屈曲填满,有似印中缪篆"。《张迁碑》额篆书,结体扁方中带圆,又略具隶意,结字紧密,盘旋屈曲,寓动于静。风格雄伟古朴,浑厚庄重,富装饰美。

二、《鲜于璜碑》,碑额阳文篆书两行十字:"汉故雁门太守鲜于君

图六　西周大盂鼎铭文拓片

碑”。此篆书碑额结字方正古雅，笔画方折劲拔，体态奇异。

三、《景君碑》，碑额阴文篆书题两行十二字：“汉故益州太守北海相景君铭”。此篆额结字奇妙，方圆有致，线条婀娜，曲直相济。

四、《韩仁铭》，碑额篆书“汉循吏故闻熹长韩仁铭”两行十二字。此额篆书形体化小篆长方为正方，结体平实稳健，结构茂密，行笔自然流畅，不加雕琢。

五、《尹宙碑》，碑额篆书“汉豫州从事尹公铭”，此额篆书结体上敛下舒，俊俏飘逸，行笔遒劲下垂，线条作悬针状，锋芒锐利。此碑额与《西狭颂》等碑额用悬针篆，在后代碑刻中影响深远，如魏《三体石经》，吴《天发神谶碑》等皆渊源于此。

六、《孔宙碑》，碑额阳文篆书：“有汉泰山都尉孔君之碑”。两行十字。在碑穿两端对称展开，篆书结体圆转，线条流畅，收笔见圆润遒健，提按富变化，是曹喜的“垂露法”。形貌秀丽。

七、《樊敏碑》，碑额篆书：“汉故领巴郡太守樊敏碑”。两行十二字。

八、《王舍人碑》，碑额阴文篆书八字：“汉舍人□王君之□”。篆书书法婉丽清刚。

九、《郑固碑》，汉隶碑刻。东汉延熹元年(158)立于今山东济宁。碑额篆书阴文题“汉故郎中郑君之碑”，两行八字。篆书劲健洒脱。

十、《夏承碑》，东汉建宁三年(170)六月立。碑额篆书“北海淳于长夏承碑”，两行八字。篆书优雅奇丽。

十一、《三老掾赵宽碑》，东汉光和三年(180)立。汉隶碑刻。碑字端庄浑厚，与《史晨碑》相近。碑额阴文篆书六字：“三老赵掾之碑”。三字一行，计两行。篆书书法结体上敛下舒，劲健洒脱。

十二、《白石神君碑》，东汉光和六年(183)立于今河北正定。汉隶碑刻。碑额阳文篆书题：“白石神君碑”。篆书骨力沉厚。

十三、《郑季宣碑》，全称《尉氏令郑季宣碑》。汉隶碑刻。东汉中平三年(186)建于今山东济宁。碑阴篆书题额横列“尉氏故吏处士人名”，篆书结体上敛下舒，垂笔结尾出锋尖细，形如“倒薤”，是传承曹喜篆书悬针法，清劲飘逸。

十四、《华山庙碑》，全称《西岳华山庙碑》，亦称《延熹华岳碑》。汉隶碑刻。篆书题额："西岳华山庙碑"。东汉延熹八年(165)建于华山。篆书用笔有提按变化，华美、俊逸、婉丽多姿。

十五、《西狭颂》，上有篆书"惠安西表"四字，篆书书法浑朴高古。

马宗霍《书林藻鉴》论及三国书法："三国书法，以魏京为最宏。文士云蒸，书家鳞萃，鸿都(指汉灵帝鸿都门学)流风，去之未远。中郎(蔡邕)虽往，法度可寻。孟皇(梁鹄)尚存(魏宫殿题署多为梁鹄书，《孔羡碑》亦是梁鹄书)，翰墨自在。观夫《正始石经》，接武《熹平》，则邯郸(淳)之遗也。凌云榜题，比肩安定，则仲将(韦诞)之迹也。胡昭尺牍，动见楷模。刘廙草书，许通笺奏，此皆其著者。"

魏国书法

三国时期魏国国土广大，国力强盛，文艺科技繁盛，魏居三国之首。魏国书法上承汉制，与东汉书风一脉相承，书家众多。魏国帝王多善书，魏武帝曹操，字孟德，庾肩吾《书品》称其"笔墨雄赡"。《书断》称其书法"雄逸绝伦"。传有其书"衮雪"二字。文帝曹丕，字子桓，武帝长子。善飞白书，时于宫中戏为之。曹植，字子建，文帝之弟。胸中磊落，发于笔墨，宋内府藏其章草书《鹞雀赋》。曹髦，字彦士，文帝之孙。少学夙成，工草隶。魏国承东汉遗风，树碑未绝于世。曹操借故"以天下凋敝，下令不得厚葬，又禁立碑"(《宋书》)，所以这个时期，魏吴碑刻较少，蜀国碑刻至今未有发现。

魏国著名书家还有：

梁鹄，字孟皇。书法得师宜官法。书有《修孔庙碑》。

邯郸淳，字子淑。官给事中，师于曹喜，尤善古文大篆，为隶书。传正始中书古文篆、隶之体石经于汉碑之西。

胡昭，字孔明。解史书，其行又妙。《四体书势》云："昭与钟繇并师于刘德升,俱善行书,而胡肥钟瘦。尺牍最大之迹,动见楷模。”

钟繇,字元常。钟繇与同郡胡昭,两人的行书在曹魏书法家中成就最大。钟繇曾师从曹喜、刘德升、蔡邕等学书,各体兼备,楷书最优,被称为“正书之祖”。张怀瓘《书断》云:“其真书绝妙,乃过于师,刚柔备焉。点画之间,多有异趣,可谓幽深无际,古雅有余,秦汉以来一人而已。”钟繇书法有三体:一、铭石书(碑版,隶书)最妙者也;二、章程书(正书),传秘书,教小学者也,已为官方采用;三、行狎书(行书,书写较隶书、正书随意,专用于书简,故又称“相闻书”)。作品有《宣示表》、《荐季直表》、《力命表》、《贺捷表》(又称《戎路表》)。《宣示表》为钟繇楷书的代表作。据说晋王导得《宣示表》,晋末丧乱,王导东渡时将《宣示表》缝入衣带,携至江南,后传给其侄王羲之,羲之以遗王修,后随其入棺殉葬,一代妙迹遂亡。今传世《宣示表》为王羲之临本,初刻入《淳化阁帖》,后刻入《大观帖》《停云馆帖》等。其书法字形扁方宽恃,结字茂密,笔法厚重古朴,字的捺脚有隶书波磔意趣,古雅自然。梁武帝萧衍《古今书人优劣评》认为:“钟繇书如云鹤游天,群鸿戏海,行间茂密,实亦难过。”钟繇《荐季直表》书于魏黄初二年(221),时钟繇年已七旬。此《表》内容是钟繇推荐旧臣关内侯季直的表奏。季直在关中时曾对曹魏政权的建立立过汗马功劳,罢官以后生活困难,钟繇上表称他身体尚健,请求朝廷给他一官半职,使他继续为国效力。此帖原墨迹于咸丰十年(1860)英法联军焚掠圆明园时为一英兵所劫,后辗转落入一收藏家手中,又被小偷窃去埋入地下,及至挖出时已腐烂。所幸此帖在明代被刻入《真赏斋帖》,清代又刻入《三希堂法帖》,并列入诸篇之首。刻帖保留并体现了钟繇书艺特征。钟繇楷书古雅浑朴,圆润遒劲。三国时正是隶书向楷书、行书及草书过渡的时期,他的楷书带有隶书分披的笔势,古韵盎然。

《贺捷表》,又名《戎路表》。东汉建安二十四年(219),钟繇六十八岁所书。是钟繇得知蜀将关羽被杀时所写。唐虞世南认为“钟太傅(繇)师(刘)德升,驰骛曹(喜)蔡(邕),仿学而致一体,真楷独得精妍”。《墨薮》云:“稿及行隶,钟繇变之,羲(之)献(之)重焉。”张怀瓘《书断》:“太傅(钟繇)虽习曹(喜)蔡(邕)隶法,艺过于师,青出于蓝,独探神妙。”又云“真书古雅，道合神明，则元常（钟繇）第一”。又云“元常真书绝妙，乃过于师，刚柔备焉。点画之间，多有异趣，可谓幽深无际，古雅有余，秦汉以来一人而已”。张怀瓘认为钟繇虽师从曹喜、蔡邕，但青出于蓝，隶书已超越两师。钟繇真书（楷书）“古雅有余”，“秦汉以来一人而已”，对其真书评价更高。钟繇是汉末魏初的大家，钟繇书风对后世影响极大，在推进隶书向楷书的演变上是承前启后最有影响的书法家之一。他被后世尊为“楷书鼻祖”。王羲之等后世书法家都曾潜心钻研学习其书法，东晋“二王”的新妍书风也借鉴于他。钟繇与王羲之并称“钟王”。阮元《南北书派论》把魏晋间楷书、行草分为南北两派，南派有钟繇、卫瓘、王羲之、王献之、王僧虔，以至僧智永、虞世南；北派有钟繇、卫瓘、索靖及崔悦、卢谌、高遵、沈馥、姚元标、赵文深、丁道护等，以至欧阳询、褚遂良。且不论阮芸台这样分派是否科学，但他将钟（繇）卫（瓘）二家“为南北所同”，列为首位，可见钟繇在中国书法发展史上举足轻重的地位。

韦诞，字仲将，魏京兆（今陕西西安）人。官至大鸿胪。有文才，善属辞章。书法张芝，兼邯郸淳法，诸体并善，尤精署书。魏之宝器铭题多出其手。魏明帝时凌云台建成，以辘轳引韦诞题榜，韦诞似有恐高症，“因致危惧，以致鬓发皆白”。回家后“戒子孙无为大家楷法”。

魏国名书家还有卫觊、钟会、毛弘、卫臻、张揖、刘廙、虞松、宋翼、杜畿、王明山等人。

魏国书法在三国之中成就显赫，曹魏书法虽力追东汉，但“雄厚之气渐泯”。隶书在东汉发展到极盛，但盛极而衰。曹魏书法仍以隶书为通行书体，因官字实用需要，过度讲求规范而显得雷同、板滞。后来由于严重程式化而走入末路。曹操于建安十年（205）鉴于“天下凋敝”，下令严禁厚葬与立碑，所以曹魏立碑之风衰歇，魏国碑刻仅有《正始石经》《受禅表》《上尊号奏》《孔羡碑》《范式碑》《王基碑》《曹真碑》等。

《正始石经》，魏齐王曹芳在位时，刻于正始二年（241），刻立于河南洛阳太庙。上刻儒家经典《尚书》《春秋》二经，后世称为《正始石经》，共计两千五百七十六字。石经每字用小篆（用史籀李斯、胡毋敬体）、古文（用科斗鸟迹体）、隶书（用程邈体）三种字体书写。先将《尚书》刻在正

图七　三国魏《三体石经》

面，然后续刻《春秋》，结束于反面。书法三体皆工整精妙，可见书法字体嬗变及诸体并存之痕迹。因用三种书体书写，故又称《三体石经》。据传此碑为卫觊、邯郸淳、嵇康等书。卫觊，字伯儒。三国魏河东安邑（今山西夏县）人。汉末为司空掾属；魏既受禅，拜侍中徙尚书。工古文、篆、隶、草书。邯郸淳，字子淑、子叔。魏颍川（今河南禹县）昆阳人。黄初（220—226）初官博士给事中。师于曹喜，书法八体悉工，尤精篆隶，恢宏古文，尝教诸皇子，太祖敬异之。嵇康，字叔夜。晋谯国铚（今安徽宿县西南）人。在魏官中散大夫；入晋，拒山涛之荐，为钟会所害。工草书。此碑晚于东汉《熹平石经》七十余年。此碑上隶书楷意增多，与汉隶不用。此碑上古文一体点画下笔重，收笔轻，成悬针状，此源于曹喜悬针篆法，并影响到东吴皇象书《天发神谶碑》。

三国魏国碑刻著名者除《正始石经》外，有《受禅表》《上尊号奏》《范式碑》《孔羡碑》《王基碑》《曹真碑》。

一、《上尊号奏》，全称《公卿将军上尊号奏》，亦称《劝进碑》《百官劝进表》《上尊号碑》。碑文为魏王曹丕代汉制造舆论，百官劝进奏表。清顾炎武《金石文字记》中考碑文当在东汉建康元年（144），而刻于三国魏黄初之后，碑石在河南临颍南十五公里繁城镇。隶书。碑文三十二行，行四十九字，年月泐。碑额阳文篆书“公卿将军上尊号奏”八字。书法方整，峻拔端庄。隶书起笔由汉隶之“蚕头”变为“折刀头”法，收笔波磔锋锐，有别于汉隶之蕴藉。工妙，为魏碑巨制。

二、《受禅表》，亦称《受禅碑》。三国魏黄初元年（220）十月刻立。碑石在繁城镇。碑文记载汉献帝“禅让”，曹丕顺应天意建立魏国，自称魏皇帝。碑文隶书。凡三十二行，行四十九字。碑额阳文篆书“受禅表”三字。明郭宗昌《金石史》评此碑书法：“雍雍雅度，衫履自适。”此碑书法浑穆厚重。康有为评此碑：“鸱视虎顾，雄伟冠时。”与《上尊号奏》同为开国的丰碑巨制。此碑为卫觊书。

三、《范式碑》，全称《庐江太守范式碑》，亦称《范巨卿碑》。三国魏青龙三年（235）正月立。石旧在山东济宁。碑阳十九行，行三十三字。今残存上截十二行，行四至十五字不等。阴四列，凡十一人，字而不名，亦无故吏门生等称，与其他碑刻不同。碑额篆书“故庐江太守范君之碑”九字。清翁方纲评其书云：“是碑于劲利之中出以淳朴，而顿挫节制，神采焕发，实高出于汉末皇象、梁鹄诸家之上。”此碑风华婉丽，曹魏名碑。

四、《王基碑》。全称《东武侯王基碑》。三国魏景元二年(261)四月立。碑石在洛阳明德中学。隶书。存十九行，前三行，行二十二字，余行二十一字。末行后刻有清光绪八年(1882)杜梦麟跋。沈曾植《海日楼札丛》云此碑“刻手精工，遂令使转笔势粲然毕露，所谓钟太傅(钟繇)十二种巧妙者，于此犫玩，思过丰矣。吾于《戎路》《季直》剧蓄深疑，后玩此碑，一旦释然，楷法之妙，八分之漓也。”书法与《曹真碑》相近。

五、《曹真碑》，全称《魏镇西将军上军大将军曹真残碑(并阴)》，亦称《曹真祠堂断碑》或《都督雍凉州诸军事曹真断碑》。年月泐。曹真卒于三国魏太和五年(231)三月，此碑当在其后立。清道光二十三年(1843)出土，现藏故宫博物院。隶书。碑阳存中段二十行，行字不等，有方界格；碑阴存题名二列，列三十行，行字不等。清杨守敬云：“分法与《王基碑》同，乃知唐人有所本。”此时隶书不似汉隶古拙朴茂，而追求妩媚婉丽。三国石刻中的隶书，虽与汉末碑刻隶书差别不太大，但可看出字形从扁渐逐于方，其字势向纵向发展，笔画以直势居多，倘若笔画没有波磔，就与后来的楷书相近了。魏晋时期出现了章草、今草和大草的分类。

六、《孔羡碑》，亦称《鲁孔子庙碑》。三国魏黄初元年(220)刻立。碑石在山东曲阜同文门西。碑文论述魏文帝曹丕封孔子二十一世孙孔羡为鲁县百户“宗圣侯”，以及兴师重教、祭祀、修理孔庙事宜。碑文隶书。王昶《金石萃编》记：“碑高六尺二寸，广三尺五寸五分。”凡二十二行，行四十字。碑额篆书“鲁孔子庙之碑”。碑末有张稚圭宋嘉祐七年(1062)题记。昔人评其书云：“龙震虎威，气雄力厚，魏刻之冠。”此碑字形方整朴茂，书风茂密雄强，用笔以方笔为主，兼用圆笔，严整中含秀逸。可与东汉《乙瑛碑》为伯仲。

蜀国书法

马宗霍《书林藻鉴》论及蜀国书法："惟蜀汲汲保疆，为日不足。从容豪素，有所未遑。且诸葛为政，综核名实。既颂德矜伐之文，亦无诬祥诞瑞之纪，故蜀石不闻于后世也。"蜀国至今未见有碑石出土。蜀国书法家有：

诸葛亮，字孔明，琅琊人。亮善篆、隶、八分。陶弘景云："蜀主采金牛山铁铸八剑，并是亮书。"《古今法书苑》："先主刘备尝作三鼎，皆孔明篆、隶、八分书，极工妙。"《宣和书谱》："亮善画，亦善作草字。虽不以书称，世得其遗迹，必珍玩之。今御府藏《远涉帖》。"

诸葛瞻，诸葛亮之子，字思远。官行都护卫将军，平尚书事。工书画。

许靖，字文休。汝南人。行草品下之下。

张飞，字翼德。涿郡人。有八分书刁斗铭，文字甚正。

谯周，字允南。巴西人。善书札。

刘敏，零陵人。善草书。

来敏，字敬达。蜀国人。新野（今河南新野）人。官执慎将军。涉猎书籍，善《左氏春秋》。尤精于仓雅训诂，好是正文字。

东吴书法

中国书法史分古体、今体两个阶段。篆书、隶书是古体阶段。楷书、行书、草书是今体阶段。魏晋南北朝时期是古体、今体两个阶段的转捩点。魏晋南北朝时期书法上承秦篆汉隶，下启隋唐正楷，是中国书法史上第一座书法艺术高峰。汉末魏晋各种字体演变已完成，此期是各种书体衍变承先启后的时期，是隶、章草、行、楷各种书体嬗变交递并日趋完善的时期。

三国时期，上承东汉余绪，仍以隶书作为通行书体。比如魏正始《三体石经》，虽以古文、小篆、隶书三种字体书写，但以隶书为正体。隶书逐渐发展成熟，纵横拙朴之意日渐减少，隶书结构整齐，增饰波磔，字形日趋方正，而趋向定型，刻板之意增多。楷书笔法时有显现。此时隶书缺少早期汉隶自然随意的蓬勃生趣。三国时期人们在书写隶书过程中，发现隶书的波磔，只是美化装饰作用，并无实际意义。为使点画书写更为便捷，有些隶书中融入楷书笔法，便逐渐扬弃隶书的波磔，而用回锋收笔法，在落笔和转折处尤为明显，这样渐渐形成了楷书。早期楷书时带波磔，还遗存有浓厚的隶意。以楷法作隶书后，出现亦隶亦楷的楷隶书体。由于楷书比隶书书写便捷，更易认识，楷书这一新生事物日益兴盛，隶书则退居次要地位。一种书体从萌芽至规范，有一个漫长发展的过程。自篆隶渐渐式微，而至楷书蔚为大观，绝不可能一蹴而就，是缓慢渐变的过程。在转型期有不少碑刻、竹木简牍书上有亦隶亦楷的书法。如东吴《谷朗碑》，这是楷书初创时期的重要碑刻，书法端整古雅，尚遗汉人书风。魏晋时期的书法艺术使中国书法艺术真正由自发进入了自觉的时代。另一方面，这一时期书家辈出，各领风骚，不同流派、不同风格的书法作品大量涌现，呈现百花齐放、争奇斗妍的繁荣景象。是我国书法艺术发展史上出现的第一个黄金时代。自魏晋以后，书法被历代统治阶级作为教化的工具，书法应用有了更广泛的社会基础。

马宗霍《书林藻鉴》论及吴国书法云："吴、蜀僻处，宜莫能与中土（魏国）争隆。然吴之皇象，八分（汉隶）篆、草，并驰妙称。今所传《天发神谶碑》，以秦隶之方，参周籀之圆，势险而局宽，锋廉而韵厚，将陷复出，若郁还伸，此则东都诸石，犹当逊其瑰伟。即此偏师，足以陵轹上国。徒以壁垒太峻，攀者却步，故嗣音少耳。苏建无大名，评者略不之及。所书《禅国山碑》，亦殊质健为妍，自成孤赏。余如张纮篆札，见欣北海（孔融）。贺邵章草，述美灵长。是则吴亦未为无人也。"[①]文中论及东吴杰出书法家皇象及所书《天发神谶碑》，苏建及所书《禅国山碑》，颇多赞美之词。

① 马宗霍辑：《书林藻鉴·书林记事·卷五》，文物出版社，1984年版，第39页。

图八　三国吴《禅国山碑》

东吴书法是东汉书风的延续，与魏国书风相比要保守一些，魏国碑刻皆用隶书。而东吴书风“尚古”，崇尚篆、隶，刻碑多用篆隶。东吴书家偏处江南地区，遵循传统，官方不太重视楷书、行书这些在中原地区（曹魏）已普遍流行的通俗新体。

丰碑巨制以篆书、隶书铭刻，以示庄严、严谨、典重。此期碑刻以篆、隶书体为主流。

但综合从近年湖北、江西、安徽等地陆续出土的少量东吴简牍，以及1996年湖南长沙走马楼地下古井出土的十万枚东吴简牍来看，东吴中下层书吏及民间，草书、行书、楷书已渐渐成为通用书体而取代了隶书的地位。其时行书新体虽在民间流行，尚属早期行书，尚存隶意。有的较有楷意。吴简牍中楷书，属早期楷体，尚存隶意。如《朱然名刺》，是较成熟的楷书，用笔有提按顿挫，但仍存有隶意。有的简牍虽有今草风范，但尚有章草遗韵。从东吴简牍可见当时隶书、章草、今草、行书、楷书诸体并存。三国时期的新兴书体楷书、行书、今草作为民间日常手写书体已十分普及，日常手写书体不像碑刻那样严谨，讲究规矩。多古朴天真、随心所欲，得天然之趣。旧体隶书、章草在实用中已较少使用，只是少数文人书家在继承使用。

汉末魏晋是中国历史上动荡战乱时期，但东吴地处江东，相对安定。东吴历四帝，从黄武元年至天纪四年（222—280），立国五十九年。孙权是颇有作为的君主，“民惟邦本，本固邦宁”（《尚书》）。政治清明，社会才能稳定发展。《三国志·吴书·吴王传》称：“孙权屈身忍辱，任才尚计，有勾践之奇英，人之杰矣。”他还工行、草书。连曹操也有“生子当如孙仲谋”的感慨。建国后，对东南地区开发成绩显著，经济文化也较为发达。人文学风盛于蜀国，但尚不及魏国。

东汉末年，政治腐败，中央集权的统治趋于崩溃，军阀割据，形成魏、蜀、吴三国鼎力局面。孙权据有江东，于公元229年称帝，定都建邺（南京）。吴国君主孙权、孙休、孙皓祖孙三代均善书法也重视书法。孙权，吴大帝，字仲谋，孙权是颇有作为的皇帝，曹操曾说：“生子当如孙仲谋。”孙权政事之余雅好翰墨，工行、草书。唐代韦续《九品书人论》品其书在“中之下”。孙休，字子烈，孙权第六子，封琅琊王。太平三年（258）孙亮废，群臣迎以为帝，是为景帝。善书法。吴末帝孙皓，昏庸无道，虽是亡国之君，但自幼在宫中受到书画艺术的陶冶，对书法似乎情有独钟，书法颇为出色。南梁庾肩吾《书品》以为其书“体裁绵密”，列品中之中。唐李嗣真《书后品》列品中之下。唐张怀瓘《书估》列为第三等，与谢安、王导等同列。孙皓书法现已无法看到，谢安、王导书法在阁帖中尚能见到，可推测孙皓书法训练有素，有相当水平。宋黄伯思《东观余论》称孙皓《上晋武帝表》，章草书，“字画高古”。明陶宗仪《书史会要》卷二谓其“善行、隶、小篆、飞白”（也不排除宫中近侍代笔之作）。

三国时吴国书家不少，有陆机、陆云、张昭、张纮、张宏、苏建、刘纂、岑伯然、朱季平、贺邵、严畯、阚泽、朱育、沈友、诸葛融、皇象等人。

陆机，字士衡。吴郡人。官至平原内史。祖父陆逊为东吴名将。他

"少有异才，文章冠世"(《晋书》)。善行草书，章草奇古，笔法圆浑，有《平复帖》传世。此帖早于王羲之《兰亭序》一百余年，为南帖始祖。著《文赋》，有《陆士衡集》。

陆云，字士龙，机弟。与兄机有"江东二陆"美称。官至大将军司马。擅文字，又善行、隶书。二陆住宅在建邺(南京)秦淮河畔。吴亡后，陆氏兄弟到洛阳，著《怀旧赋》，怀念他们在建邺(南京)的故居。

张昭，字子布，彭城人。客居建邺(南京)城南长干里一带。为孙权军师，官拜辅吴将军。长于文学，又善书。《吴志》本传云："昭少好学，善隶书。"庾肩吾《书品》列其书于"中之下"。著有《春秋左传解》《论语注》。

张纮，字子纲，广陵人。官至侍御史，《三国志·吴书》称纮既好文学，又善楷、篆，尝与孔融信用篆书，孔融遗纮书曰："前劳手笔多篆书。每举篇见字，欣然独笑，如复睹其人也。"

张宏，字敬礼，吴郡人。《书小史》称其笃学不仕，尝着乌巾，时号"张乌巾"。善篆隶，其于飞白绝妙当时，其飞白书有飞仙舞鹤之态，飘若游云，激若惊电。自作飞白序势，备说其美。

苏建，官至中书东观令史立信中郎将，《江宁府志》云："苏建书《吴后主纪功碑》(即《禅国山碑》)，非篆非隶，最为奇古。"康有为《广艺舟双楫》称此碑"浑劲无伦"。

贺邵，字兴伯，吴兴人。官至太子太傅。《述书赋》云："贺氏兴伯，同时共体。瘠而不疏，逸而寡礼。等殊皇(象)贺，品类兄弟。"

朱育，山阴人。少好奇字，凡所特达，依体象类，造作异字，千名以上。

沈友，字子正。吴人。张勃《吴录》云："众言友笔之妙，舌之妙，刀之妙，三者皆过绝于人。"

诸葛融，字叔长，建邺人，诸葛瑾次子。官骑都尉。学为章句，博而不精。性宽容，多技艺，善书。

吴国书法家中最杰出的是皇象，皇象书艺卓荦不群，在当时声誉极高，被东晋葛洪推崇为"书圣"，是中国书法史上最早被称作"书圣"的书法家。

皇象其人其艺

皇象正史无传，官方文书和地方史料都付阙如。过去史家对书法家不太重视，传记资料匮乏，具体生卒年月也不详。因年代悠远，只知道他大约生于东汉末年，比较长寿（书画家烟云供养，长寿居多）。皇象，字休明，广陵江都（今为江苏扬州市西南）人。文献史料对其家世生平虽无片言只语介绍，但魏晋南北朝属门第社会，皇象后来进入中枢，位至侍中、青州刺史，应该不是寒门子弟，这是毫无疑义的。侍中，秦代设置，后来汉代沿置。东汉亦有侍中寺，长官为侍中。三国时亦沿置，侍中为第三品，秩为比二千石。为列侯以下郎中的加官，侍从皇帝左右，出入宫廷，初侍应杂务，因接近皇帝，地位渐形显要，是出入禁中为皇帝的近侍，其职权是“尽规献纳，纠正违阙”。孙吴兼用汉魏之官制，但设置杂乱，未形成一套完整制度。侍中无定员，有时竟多至数十人。皇象虽居中枢要职，却以书法著称。末帝孙皓政治上残暴昏庸，但亦善书，需要皇象这样的书法高手来侍从左右，自是意料中事。皇象曾任青州刺史，三国地方机构大体仍为州、郡、县三级，州官称刺史，是州最高行政长官，秩六百石。青州原为曹魏属地，皇象何来青州刺史官职？不少人提出质疑，认为是子虚乌有。扬州朱世源先生详加考证，结论是青州原为曹魏属地，吴蜀结盟后列入东吴版图，归吴管辖，东吴还任命过朱桓、濮阳兴任青州刺史。①

皇象应出身于诗礼传家的官宦之家。皇象幼年即“工书”，说明他聪颖早慧，艺术禀赋高，又可能受到家庭的艺术熏陶。师于名师杜度（杜

① 朱世源：《扬州历代书法考评》，学林出版社，1998年版，第286页。

操),可见他热爱书法,寻访名师。在杜度指导下,下过“池水为墨”的苦功,后来才能取得非凡成就。

杜度,原名杜操,字伯度(因避魏武帝曹操讳,魏晋人改称为杜度)。他是东汉晚期书法名家。有“草圣”之称。京兆杜陵(今陕西西安东南)人。汉章帝刘炟时为齐相,以善草书见称于章帝,帝贵其书迹,诏使草书上事。就因为章奏,后世称为“章草”。他与崔瑗并称“崔杜”。崔瑗、崔寔父子,张芝、张昶昆仲皆师从取法于杜度。杜度的书迹没有流传后世。但从韦诞等人评述其书法艺术,可见其为一代大书法家。韦诞云:“杜氏杰有骨力,而字画微瘦。若霜林无叶,瀑水迸飞。”南朝齐王僧虔云:“杜度杀字甚安,而笔势微瘦。”南朝梁庾肩吾《书品》:“杜度滥觞于草书,取奇于汉帝,诏后奏事,皆作草书。”唐怀素云:“杜草盖无所师,郁郁灵变,为后世楷则。”唐张怀瓘《书断》称:“虽史游始草书,传不纪其能,又绝其迹,创其神妙,其惟杜公。”可见杜度在唐代已被推为汉代章草书家第一人。张怀瓘《书断》论张芝书称:“虽润色精于断割,意则美矣;至若高深之意,质素之风,俱不及其师也。”张怀瓘认为张芝书法“若高深之意,质素之风”都不如杜度。杜度不仅是大书法家,同时还是书法教育家。师从他的弟子皇象、张芝、张昶、崔瑗、崔寔都是书法史上耀眼的明星。

《三国志·吴志·赵达传》注:“皇象,字休明,广陵江都人。幼工书,时有张子并、陈梁甫能书。甫恨逋,并恨峻。象斟酌其间,甚得其妙,中国善书者不能及也。”从中可知皇象故乡在广陵江都,范围在今扬州市,与东吴首都建邺(南京)隔江相望。文中张子并、陈梁甫皆为当时东吴书法名家。张超(? —195),东汉晚期人,字子并,河间郑(今河北任丘北鄚州镇)人,留侯张良之后,有文才。汉灵帝(168—189)时,从车骑将军朱俊征讨黄巾起义,后为别部司马。著赋、颂、碑文、荐、檄、笺书、谒文,凡十九篇。善草书,妙绝时人,“世共传之”,在当时也很有名。章草字势甚峻(峻,指字势不圆润),吴人以皇象方之。这是说张子并书法“恨峻”,他的字势不够圆润。陈梁甫,东吴人,《书断》作“梁辅”。能书。陈梁甫书法缺点是“恨逋”,逋,指字写得拖沓,风姿不够。而皇象斟酌两家书艺基础上转益多师,善于学习别人长处,避免短处。使自己的书艺超越时辈才能成为“中国善书者不能及也”。书法取得非凡成就。东晋思想家、医学家、书法家葛洪《抱朴子》云：“吴之善书者，皇象、刘纂、岑伯平、朱季平，皆一代之绝手。”又云：“书圣者皇象。”刘纂，尚孙权女，善书。岑伯平则不见其他记载。朱季平疑为朱育的字，待考。朱育，山阴人。在吴国仕为东观令，加位侍中。少好奇字，凡所特达，依体象类，造异字千个以上。著《异字》二卷。而且推刺占射，文艺优绝。葛洪誉为“皆一代之绝手”，这四人必为当时东吴书坛杰出人物。除皇象外，其他三人，惜无更多史料佐证，也无墨迹传世（即使刻石、刻帖也付阙如）。葛洪称皇象为“书圣”，这是中国书法史上第一位被称作“书圣”的书法家。这也说明葛洪认为皇象书艺已登峰造极。是当时顶尖书法家，无人能及。书中还记载了东吴八位各具专长的术士与艺人。（一）严武，字子卿，卫尉严畯的再从子，“围棋莫与为辈”。是一位围棋高手，无敌手。（二）宋寿占梦，十不失一。是占梦高手。（三）曹不兴善画。孙权使画屏风，误落墨点，曹不兴急中生智，因就此墨点改画成苍蝇。孙权看画，以为活蝇“举手弹之”，可见其画形神兼备。（四）菰城郑妪能相人（看相算命）。（五）吴范“善候风气”（看气象）。（六）赵达善算（术）。（七）刘惇善星象（天文）。（八）皇象善书法。“世皆称妙，谓之‘八绝’云。”可见皇象是吴国极享盛誉的书法家。对皇象书法的评论，唐窦臮在《述书赋》中说：“吴则广陵休明，朴质古情，难以穷真，非可学成。似龙蠖蛰起，伸盘复行。”蠖，即尺蠖，昆虫名。尺蠖行动时屈曲身体。动物冬眠称“蛰”，“蛰起”是惊蛰后初醒龙蛇已恢复其活力，比喻皇象笔力雄劲如龙蠖之且盘且行，不似今草纵笔驰骋。南朝宋羊欣云：“吴人皇象能草，世称沉着痛快。”南朝梁袁昂《古今书评》评述“皇象书如歌声绕梁，琴人舍徽。”形容皇象书艺功夫在书法之外，观赏之后有遗音余韵于笔墨之外。唐张怀瓘《书断》评价其兼善多种书体，“象章草入神，八分入妙，小篆入能，章草师于杜度。右军隶书，以一形而众相，万字皆别。休明章草，虽相众而形一，万字皆同，各造其极。八分雄才逸力，乃相亚于蔡邕，而妖冶不逮，通议伤于多肉矣”。这段话除评价皇象书法章草、八分、小篆多种书体成就外，也谈到皇象的书法师承。又以右军（王羲之）隶（楷）书与皇象章草作了比较。羲之隶书（楷书）是在他离职赋闲后，有闲情逸致，以书自娱达到新的高度，变化万千，如《兰亭序》中“之”字，就有二十余种写法，无一字雷同。而休明（皇象）章草删繁就简，规范统一，字字端凝，纵横自然。这是官为侍中的皇象章草书官方文牍的模式。“各造其极”，是认为羲之与皇象虽然书法风格不同，但书艺同样登峰造极，春兰秋菊，难分轩轾。清包世臣《艺舟双楫·答熙载问》曰：“草书唯皇象、索靖笔鼓荡而势峻密，殆右军所不及。”认为皇象、索靖草书胜于王羲之。不免有些逾扬皇象、索靖，贬抑羲之了。后面几句话认为皇象隶书逊于蔡邕。蔡邕，字伯喈，东汉晚期人，是皇象的前辈人物。是陈留圉（今河南杞县）人。少博学，工书画。善篆、隶、科斗三种书体。《书断》认为皇象八分（汉隶）肥厚古雅，不如蔡邕“妖冶瘦劲”。

“江山代有才人出。”皇象书法在东吴及后世获得了极高声誉，那么皇象书法面貌究竟如何呢？由于历史久远，皇象书法真迹亡佚，连其作品拓片及刻帖也只寥寥数件。唐张怀瓘《书断》评皇象“其写《春秋》最为绝妙”，大约皇象所书《春秋》在唐代张怀瓘尚能目睹，惜后来亡佚。据《宣和书谱》记载，在宋代内府藏有传为其书的章草《急就章》墨迹一件，但令人遗憾的是这硕果仅存的墨宝，“靖康之难”后也不见踪影。

现在仅有明代据此墨迹的松江刻本《急就章》。另有章草书《文武帖》《顽闇帖》刻帖。以及康有为《广艺舟双楫》誉为“奇伟惊世，笔力伟健冠古今”的巨迹《天发神谶碑》现也仅存碑拓。《天发神谶碑》是皇象最为显赫的作品。此碑距今已一千七百余年，仍为后人不断追摹临习，说明此碑书法的独特艺术魅力历经千年不衰。

《天发神谶碑》的来龙去脉

天玺元年(276)历阳(今安徽和县)境内山石纹理成二十个字,上书:"楚九州渚,吴九州都,扬州士,作天子,四世治,太平始。""山石纹理成字"事属虚妄,这是地方官员迎合帝王喜好,伪称天降神谶以佑吴国,制造"天命永归大吴",以粉饰太平,稳定封建秩序。统治阶级既要欺骗人民,又要自我安慰。吴主孙皓闻之大喜,得意忘形说:"太平之王,非孤复谁?"遂派人前去祭祀,改年号为天纪,又"大赦天下"。因天降符瑞,故命刻立《天发神谶碑》,用以"褒赞灵德以誉休祥"。此碑言"天玺元年七月己酉朔十四日壬□"于石上得天谶,经众多官员解读,"解者十二字"乃是讲天之"历数,永归大吴,上元宣命,昭□太平。文字炳朗,天然在诸石上。因此刊铭,敷垂记载"。

自古失国之君皆属昏庸无道之辈,吴末帝孙皓也不例外。孙皓,字亢宗,一名彭祖,字皓宗。是废太子孙和的儿子。264—280年在位,共在位十七年。《中国通史》(范文澜主编)说他"粗暴淫凶",对大臣及宗族也大开杀戒,"大臣及宗族几乎被他杀尽"。孙吴在他统治下,官吏横征暴敛,民怨沸腾。孙皓在位第三年,即宝鼎元年(266),会稽永安人施旦聚众数千人起义,经乌程(今浙江吴兴县南)向首都建邺进军。大军将至建邺时,人数达到数万人。后来施旦兵败被杀。天纪三年(279),东吴亡国的前一年,又发生了下级军官郭马为首的广州兵民暴动。这些起义暴动虽被残酷镇压,但孙吴王朝也逐步走向衰亡。[①]孙皓对"忠谏者诛,谗谀者进,虐用其民,穷淫极侈",吴国"居无积年之储,出无应敌之蓄",竟至

① 卢海鸣:《六朝建康战事录》,载《江苏文史研究》2006年第2期,第14页。

“黔首有瓦解之志，皇家有土崩之衅”的地步。末帝孙皓极端迷信，为维护封建统治，乞灵于“祥瑞”，地方官与巫祝借助自然界和社会生活中“灵异”现象赋予吉凶含义，而且推演成说，以献媚于帝王。统治者既要欺骗民众，也要欺骗自己，作心理安慰。所以孙皓在位十七年，各地“祥瑞”层出不穷，孙皓下令频繁改元，以应谶言“祥瑞”吉兆。

东吴末帝孙皓先后用过八个年号，多与“祥瑞”有关。诸如：元兴、甘露、宝鼎、建衡、凤凰、天册、天玺、天纪。频繁更换年号，只是自欺欺人，对国祚毫无助益。西晋咸宁五年、吴天纪三年(279)，晋武帝司马炎发兵二十万，分六路大举攻吴。孙皓自信有浩荡长江之天险，又有巍巍石头城屏障，还命人设计江中铁锁，也阻止不了西晋军队的前进步伐。次年三月王浚统帅的伐吴水师首先抵达石头城。吴后主孙皓无可奈何，只得仿效蜀国刘禅命人反绑自己的双手，抬着棺材，带着东吴的户籍图册，率领文武百官向王浚俯首称降。正是唐刘禹锡诗中描写的：“王浚楼船下益州，金陵王气黯然收。千寻铁锁沉江底，一片降幡出石头。”(《西塞山怀古》)

图九　清初拓宋明三题跋皇象书《天发神谶碑》

《天发神谶碑》亦称《天玺纪功碑》《三段碑》《吴孙皓纪功碑》《天玺碑》。传华覈撰文，传为皇象书。华覈，字永先。吴郡武进人。以文学入为秘府郎，迁中书丞。为此碑撰文时为兰台东观令。赵超先生《石刻古文字》中附《天发神谶碑》全碑释文（为便于释读，我改为简化字）：

上天帝言天（下泐）下步于日月（下缺）帝曰大吴一□万方甲午丙日（下缺）在仁中平予□□元示于山川（下缺）。

天发神谶文。

天玺元年七月己酉朔十四日壬（下缺）武中郎将丹（下缺）然发刻广省□。乃是天谶。广多□未解。解者十二字。以□月廿三日遣□□解文字。令史建忠，中郎将会稽陈治（下缺）解十三字。治复有未解。以八月一日诏遣中书郎行因将军裨将军关内九侯江费宇行视。更得□二字，合五十七字。宇与西部校尉姜□□络典校皋仪备□梅□、章咸、李楷贺□、吴宠、建业丞许□□番约等十二人吏□并观视，深甄历□永归大吴，上天宣命，昭□太平。文字炳朗，天□在诸石上。故就（下缺）刊铭，敷垂亿（下缺）。

兰台东观令（下缺）吴郡（下缺）巧工九江朱（下缺）功东海□侯。

另附清末民初书画家陶瑢所作《天发神谶碑》复原图及《天发神谶碑》释文两图，清晰明了，可对照参考。见图十、图十一。陶瑢（1872—1927），字宝如，号剑泉，常州武进人。诸生。官河南临颍知县，辛亥革命后流寓京津，曾任财政部秘书。性耽书画，精研六法，兼工铁笔。凡山水、人物、花卉临摹之作，无不逼与古人，而画松尤为特长。

刘勰《文心雕龙·诔碑》云："自后汉以来，碑碣云起。"东汉盛行立碑，成为风靡一时的时尚，善用于歌功颂德，粉饰太平。较早碑刻均无撰书者姓名。至东汉开始镌刻撰文者、书写者与镌刻者姓名。此时撰书者多为书佐，从史位下办，以及刻碑者之子。隋代亦是小官吏为之。遗憾的是《天发神谶碑》碑文末段衔名处残泐，撰文者、书写者姓名无从知晓。碑文末段有"东观令"三字，下字已泐，故无从知其姓名。历史文献又无记载，镌刻者为"巧工九江朱□"，"巧工是石匠之美称，石匠是江西九江朱姓，名字残缺。故此碑碑文作者及书写者为谁，千百年来聚讼纷纭莫衷一是。张勃《吴录》认为是华覈撰文，皇象书。后来许嵩《建康实录》

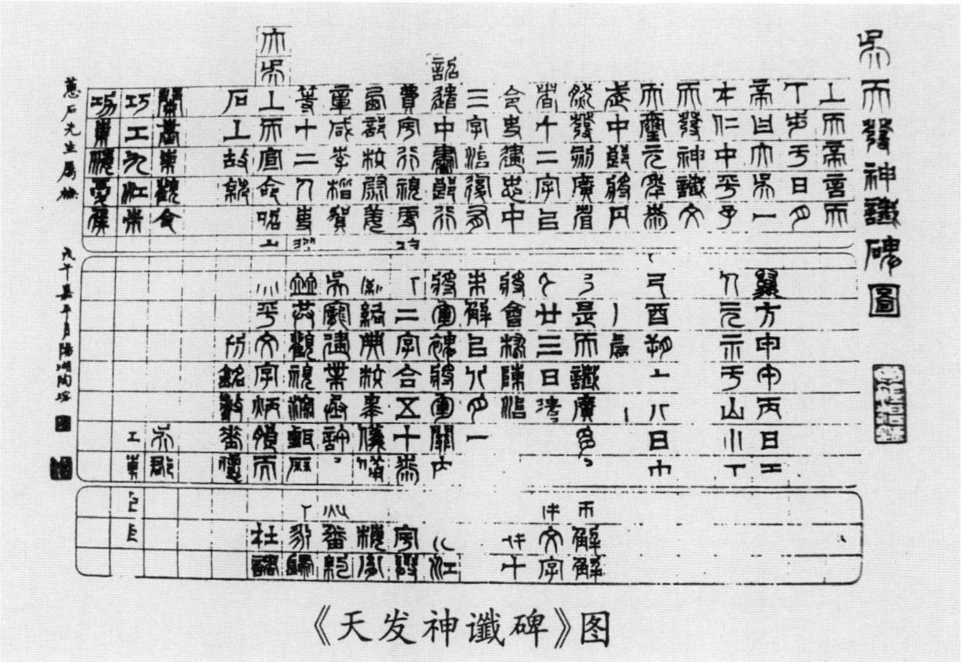

图十　三国吴皇象《天发神谶碑》图

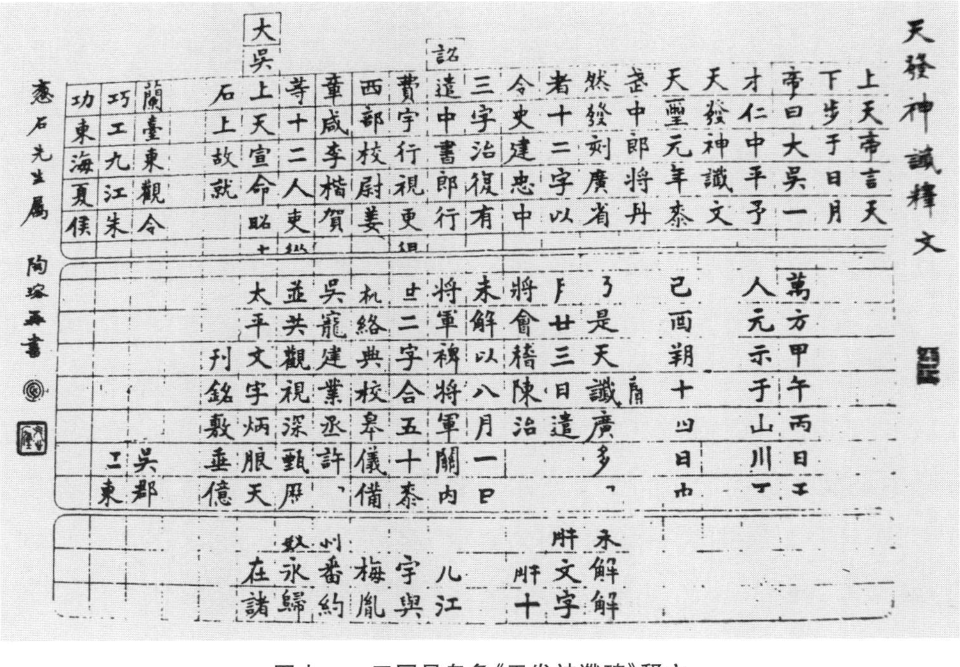

图十一　三国吴皇象《天发神谶碑》释文

注、董逌《广川书跋》、黄长睿《东观余论》，皆从其说”。

《天发神谶碑》立石刻碑与东汉以来盛行的谶纬迷信、阴阳灾异、五德终始、天人感应等息息相关。谶，预言，预兆。它是巫师或方士制作的一种隐语或预言，作为吉凶祸福的符验或征兆。谶纬起原甚早，《史记》载：秦始皇时有“亡秦者，胡也”等谶言。统治者也乐于把自然界某些偶然现象神秘化，看作社会安危的决定原因。“神怪之言，皆在谶记。”巫师方士与官吏勾结往往制造谶言为封建统治说教。

《天发神谶碑》为记吴国的威德而立，故又称《天玺纪功碑》。但实际上，《天发神谶碑》未能改变东吴王朝灭亡命运，反而成了王朝最后一曲挽歌。宋赵明诚《金石录》题为《吴天玺元年断碑》。赵明诚，字德父。密州诸城（今属山东）人。少为太学生，历官知湖州军州事。与妻李清照同好金石图书。曾仿欧阳修《集古录》例，编成《金石录》三十卷，《金石录》收录三代彝器及汉唐以来石刻，凡两千种。以时代先后编为目录卷十卷，各注年月、撰书人名；后二十卷为跋尾，盖有所辨证，乃有题识。《金石录》著录为《天发神谶碑》是因为碑文中有“天发神谶”之语以开启下文。“神谶”是神灵所作符命，含预测和启示之意。碑文因残缺未能全部释读。也是官样文章，陈词滥调，荒诞不经，并无新意。宋代金石学者赵明诚所著《金石录》考订精审，评论颇具卓识，书中记载此碑：“右《吴天玺元年断碑》，其前云：‘上天帝言’，又云‘帝曰大吴一万方’，又云‘天发神谶文，天玺元年七月己酉朔’，又云‘天谶广多不解，解者十二字’。呜呼，其言可谓妖矣！据《吴志》：‘天玺元年秋八月，鄱阳言历阳山石理成字，凡二十。明年改元，大赦，以协石文。’今此碑乃在金陵，验其文，与《吴志》所载亦异，莫可考究。孙皓在位凡八改元，而六以符瑞，然竟不能保其国。盖人事不修，而假托神怪以矫诬天命，其不终宜矣！”[1]赵明诚《金石录》中记载此碑，谈到孙皓八次更改年号，其中六次是以符祥瑞。在魏、蜀、吴三国中，吴国晚期最为腐朽，孙氏“皇族”内斗不断，豪强兼并加剧，各地反而“祥瑞”不断出现。赵明诚最后说中问题的要害，在于“关国人

① （宋）赵明诚撰，金文明校证：《金石录校证》，上海书画出版社，1985年版，第369页。

事不修”，“假托神怪”，最终也挽救不了王朝覆灭的命运，赵明诚在文中认为“其言可谓妖矣”，是指碑文内容近“妖”，对此碑书法并未加以褒贬。

《天发神谶碑》虽称为碑，却不是可见的长方形。它刻于皇城建康城南门外约十五公里处的一段石岗（今城南牛首山附近），系就地取材，刻于圆幢形（形似佛教仪仗中幢形）磨平的天然石块上，其石圜长，形如覆臼（臼是往时农村舂米用的石器，中部下凹）。环而刻之，字刻三面，而虚其一。此碑直至唐朝时仍横列在原地。

至北宋在城南天禧寺（即大报恩寺前身）寺门外发现此碑，已断为三段，且半埋于土中。碑文已残泐，碑文内容应该是记录当时的天谶符瑞现象。北宋哲宗元祐六年（1091）转运使左朝请郎胡宗师因担心“寺僧不善护持，年长月久，风雨侵蚀，必至泯灭”，于是将碑迁移转运司（漕台）后圃之筹思亭内。南宋时又迁移到江宁府之中。明朝时又移置江宁府学尊经阁内。尊经阁原藏有李处巽所重刻峄山刻石、泰山秦篆。廿一史以及下元王应麟《玉海》书版等也贮存尊经阁内。清嘉庆十年（1805）五月二十日校官毛藻聚集众工匠在刷印《玉海》时，不慎失火焚毁了尊经阁，殃及此碑石及所有阁内刻石、书板。可叹，一代名碑竟因祝融之灾毁于一旦！为弥补这一缺憾，清末端方任两江总督时，幕僚张祖翼受命命其弟子桐城姚京受按照宋拓佳本重新摹刻《天发神谶碑》两块。

端方，字午桥，姓托忒克氏，满洲正白旗。本为汉人，姓陶，号陶斋。宣统元年（1909）任两江总督。从政之余，收置彝器、瑰物、绢素旧迹颇丰富。尤工书法。偶写山水小景，亦饶雅致。武汉起义为群众杀于军中。有《陶斋藏器目》《陶斋吉金录》《陶斋藏石记》《陶斋藏印》。张祖翼，字狄先，号磊庵。安徽桐城人。端方幕僚。髫年即好篆隶金石之字，篆宗石鼓，钟鼎书。隶法汉碑，刻印师邓石如。亦工行、楷书。偶作简笔山水亦清雅可赏。著《磊庵金石跋尾》《集书汉碑范》等。姚京受，桐城人。善刻石，师从张祖翼。摹刻传神，水平很高。金陵两江总督署（即今长江路总统府内）煦园内中部有荷花池，西侧有夕佳楼。夕佳楼西侧墙壁上嵌有姚京受摹刻的《天发神谶碑》两块。南京夫子庙尊经阁后亦有“文革”后摹刻的《天发神谶碑》。虽不及原碑万一，这也是聊胜于无吧！

《天发神谶碑》碑石于晋宋时已断为三段，半埋土中，北宋时发现后又多次迁移。《两汉金石记》称《天发神谶碑》全碑凡二百一十二字。《金石萃编》所录凡二百零八字。碑上段存二十一行，“诏遣”一行六字，“大吴”一行七字，其余行五字。中段存十七行，行七字。下段存十行，行一二三字不等。上段十三厘米×三十九厘米；中段十三厘米×三十六厘米。下段十三厘米×七十八厘米。下上段之中尖有钮。故宫博物院藏宋拓孤本，原为罗振玉旧藏，上有三则题跋：北宋哲宗元祐六年(1091)三月胡宗师题跋(在上段之后)；北宋徽宗崇宁元年(1103)中秋石豫安题跋；明代世宗嘉靖甲子年(1564)耿定向跋(在上段石顶之右)。这是极为珍贵的宋拓孤本了。

《天发神谶碑》的书法艺术

《天发神谶碑》自宋人发现后，备受历代金石家、书法鉴赏家推崇。因碑文残泐无法确知撰文者及书写者。至今仍是书法史上一桩悬案。我个人愚见，历代金石家、书法家将此碑书写者多归于皇象名下，绝不是凭空臆测，应该是实至名归。理由如下。一、颁诏国之祥瑞。记吴功德，意在宣昭于"黔首"大众，以传久远，书写者要有较高的社会地位。二、必须是声望高的书法"国手"。皇象在吴国位为侍中，当时已是声誉卓著的书法家，应该是非他莫属。三、书写须用正体，要端谨规整，以示庄重威严。此碑书法独创一格，非大手笔不可。凡庸书家均不可能书写出独创风格的《天发神谶碑》。皇象虽贵为侍中，但其书贵而脱俗。

图十二　三国吴皇象《天发神谶碑》(局部)

此碑书体有些奇特，初看非篆非隶，有些怪诞，似无法度可言。细审则有“看似寻常最奇崛，成如容易却艰辛”（黄庭坚诗句）之感。其书法风格不仅在当时别具一格，在千年中国书法史上也属卓立不群之作。此碑书法笔致结体跳出秦汉篆书的法度之外，书体为小篆，继承汉篆中篆隶参用、上密下疏的风格。字形修长，取纵势。篆书与隶书用笔不同在于方笔与圆笔的区分。篆书“尚婉而通”，“隶欲精而密”（孙过庭《书谱》）。把篆隶两种书体融为一炉，谈何容易。小篆多用圆笔，此碑结体用方笔为篆，此出小篆常规。此碑行距宽，字距稍窄。笔法用隶，虽曳脚垂尾，也带方折，下笔呈方棱，横竖之画中段多内凹呈弧形。收笔垂笔尖头出锋，用笔转折方圆并用，竖画皆上宽下细，笔力千钧，如“倒薤”悬针，结体上紧下松，书风雄伟峻拔劲峭奇崛，尖垂笔如剑戟森森，锋棱有威，似显现王朝威仪。近人祝嘉先生《书学论集》中论及《天发神谶碑》：“篆书多用圆笔，所以画的两头多圆，此碑下垂的画，常用悬针。而弯曲的下垂画，则尤为强劲，画越长越见其笔力惊人。但又气象和平，绝无“金刚怒目”之态，所以更难了。”此碑笔法及体势在书法史上可谓前无先例，后无继者，于石鼓、秦篆之外独树一帜。

康有为对东吴碑刻的书法艺术评价极高，他在《广艺舟双楫·宝南》中说：“南碑当溯于吴。吴碑四种，篆分则有《封禅国山碑》之浑劲无伦，《天发神谶碑》之奇伟惊世，《谷朗碑》古厚，而《葛府君碑》尤为正书鼻祖。四碑皆为篆隶真楷之极，抑亦异矣。”他还说：“南碑数十种，只字片石，皆世稀有；既流传绝少，又书皆神妙，较之魏碑尚觉高逸过之，况隋唐以下乎！”康有为还认为《天发神谶碑》“奇伟惊世，笔力伟健冠古今”。对此碑可谓推崇备至了。清张叔未则认为《天发神谶碑》是“两汉以来不可无一，不可有二”的“第一佳迹”。他说：“吴《天玺纪功碑》雄奇变化，沉着痛快，如折古刀，如断古钗，为两汉以来不可无一，不可有二之第一佳迹。”“如断古钗”，是比喻好像古代妇女发饰所用的折股金钗那样坚韧，用以比喻《天发神谶碑》书法用方笔多折，断而后起如同折钗股。书法线条盘行曲折圆而有力。

康有为提及的《禅国山碑》，又称《天纪碑》，碑形微圆，似囤形，四面

图十三　三国吴皇象《天发神谶碑》(局部)

环刻。当地人称之为“囤碑”“团碑”。吴天玺元年(276)立。此碑与《天发神谶碑》堪称伯仲。此碑位于江苏省宜兴市西南善卷洞附近,离墨山西山岗上。此碑与《天发神谶碑》立于同年。据《三国志·孙皓传》:“天玺元年,吴兴阳羡(宜兴),山有空石,长十余丈,名曰石室,在所表为大瑞。乃遣司徒董朝、兼太常周处至阳羡封禅国山。”又《宜兴县志》有记载:“吴孙皓天玺元年,阳羡(宜兴古称)山有石裂十余丈,名曰石室。皓以为瑞,诏丞相沇撰碑记,遣司徒董朝至此封禅,改名国山,刻石颂德,名曰《禅国山碑》。”此碑碑文内容与《天发神谶碑》如出一辙,也属官样文章荒诞不经。宋赵明诚《金石录》中："《吴禅国山碑》，其前叙孙皓即位以后郡国祥瑞（又是"祥瑞"，孙皓政权已是坐在火山口上，不思励精图志，改善民生，而寄望于"众瑞毕至"，他要维护残暴统治，还要麻痹老百姓，最后诸多"祥瑞"还是敲响了暴政的丧钟），凡千余言。其后云：'乃以涒滩之岁，钦若昊天，月正革元，郊天祭地，纪号天玺。'又云：'丞相沇、太尉璆、大司徒燮、大司空朝等以为今众瑞毕至，四表纳贡，九垓八埏，罔石被泽，率案典繇，宜先行禅礼，纪勒天命，遂于吴兴国山之阴，告祭刊石，以对扬乾命，广报坤德。'案皓以丙申岁改元天玺，《碑》言'涒滩之岁'是也。皓谣虐无道，人神愤疾，而群臣方称述符瑞，赞颂功德。盖刻石后四年，遂为晋所仿矣。"孙皓"谣虐无道，人神愤疾"。水能载舟，亦能覆舟。多行不义必自毙，企图靠"祥瑞"挽救统治只能是枉费心机。

篆书《禅国山碑》相传为苏建书（或谓皇象所书）。苏建，在吴国入仕为中书东观令史立信中郎。其家世生平等不见文献记载。欧阳修《集古录》云："孙皓天册元年禅于国山，改元天玺。因纪其所获瑞物，刊石于国山之事。"国山本名离墨山，以孙吴时大司徒董朝封于此，故又名董山。山在宜兴县张渚镇北十里。此碑与通常碑石不同，以其"石圆八出"，形如"米廪"。"微圆而椭"，乡人俗称其为"囤碑"。此碑刻工何赦。此碑碑文四面环刻，凡四十三行，行二十五字。东、北两面多磨灭，西、南两面微泐，因此字数难以确计。可辨认者现存五百九十三字，篆书，得四十三行，每行二十五字。碑文曰："先行禅礼，纪勒天命，遂于吴兴国山之阴，告祭刊石。"

封禅是太平盛世帝王祭告天地的盛典，是在皇帝建立过宏大功业才有此举。自古在泰山举行。孙皓此次封禅是在阳羡（今宜兴）。他本人在宫中享乐，封禅是派大臣司徒董朝、兼太常周处代劳。周处是为人们熟知的杀虎射蛟除"三害"的大将。在宜兴张渚镇北五公里的国山镌碑记事，告祭。《禅国山碑》即立于国山山顶之上。

历年金石家、书法家对此碑评价甚高。清杨守敬《平碑记》中说："秦汉篆书，自《琅邪台》《嵩山石阙》数碑而外罕有存者，惟此巍然无恙，虽漫漶之余，尚存数百字，即未必追踪秦相（指李斯，擅长小篆），亦断非后代所及。”吴骞跋《国山碑考后叙》云:“观其笔势,醇古隽逸,绰有先秦二京遗风。”康有为说:“《封禅国山碑》纯古秀茂,浑劲无伦。”《江宁府志》认为此碑“非篆非隶,最为奇古。”清陈鳣跋云:“今观其篆法苍劲古秀,深得周秦遗志,即其时皇象所书《天发神谶碑》,远不能及。窃怪晋葛洪云吴之善书,则有皇象、刘纂、岑伯然、朱季平,皆一代绝手,独不及苏建何耶?”此评不免在褒《禅国山碑》,贬《天发神谶碑》,认为《天发神谶碑》远不及此碑,并为苏建抱屈。在艺术欣赏上见仁见智,这也是一家之言吧。平心而论,两碑都堪称千古名碑,难分轩轾,各有千秋,而《天发神谶碑》在创新上更出色一些。《禅国山碑》用意在秦篆汉隶之间,一改秦小篆婉丽遒劲而为圆浑,起笔方正,笔多圆转,篆势遒劲,字体凝重,朴质浑厚,拙中寓巧,沉雄苍古,庄重秀逸,有周秦篆书的遗意与方折突出的《天发神谶碑》相异趣。

下面谈谈吴国的隶书碑刻。《谷朗碑》全称《吴九真太守谷朗碑》,吴凤凰元年(272)四月立。石在湖南耒阳蔡侯祠(现为蔡伦纪念馆)内。碑纵一百七十六厘米,横七十二厘米。碑文正书十八行,满行二十四字。碑额正书《吴故九真太守谷府君之碑》,一行十一字。碑西侧刻有谷起凤、谷尚志等谷氏后人题名。碑主谷朗,字义先,桂阳耒阳人。三世仕吴为牧守,累官长沙浏阳令,立忠都尉尚书郎,吴建衡三年(271)迁九真太守。此碑为早期楷书,兼有隶、楷体势,波势不复存在。此碑书法朴质古雅,端劲有致,结体方整,虽可归于楷书,但颇多隶意,书体实介于隶楷之间。此碑体势纵横不一,用笔方圆兼济。从中可见东汉至三国时期隶书渐变为楷书的轨迹。康有为认为此碑“书法古厚”,“为真楷之极”。实际上与后世魏楷、唐楷相比,还有较浓隶意。清严可均认为此碑“其隶法不恶,而刻手极笨拙”。

康有为前文中提及的《葛府君碑》,全称《衡阳太守葛祚碑》,简称《葛祚碑》。此碑也是东吴名碑,年月损泐。碑旧在江苏句容。元陆友仁《砚北杂志》云:“句容县西五里石门村者,有《吴故衡阳太守葛府君之碑》仆田野中。至元三年(1266)正月,童邱戚光始属友人樊楷仲式与县之好事者观之。以其石理甚粗,文皆漫灭,可抚者只额十二字耳。”孙星衍跋此

图十四　三国吴《谷朗碑》拓本

碑额说:“楷法之见于法帖者,则有程邈最先,然不足信;其见于碑碣,殆始于此,良可宝也。”《葛府君碑》已是楷书,虽还存有隶书笔意,但已无隶书的蚕头燕尾。康有为《广艺舟双楫》评为“尤为正书鼻祖”,认为其书法风格“高秀苍浑,殆中郎(指蔡邕)正脉,为真书第一古石”。从康有为所评四通点碑,可见东吴书坛书体的多样性,篆隶真楷并存,楷书是正在孕育的新书体,新书体出现,旧书体并未消亡,而是和谐共存。字体的演变过程,不可能一蹴而就,而是缓慢的渐进过程。正如胡小石先生在《书艺略论》中“郑重道及”的:“更有一事须郑重道及,即上列诸体,此隶、分、真、草之类,其成立固各有先后,各体间,彼此亦有渊源关系,然并非前一体灭绝,其他一体始代兴。实际上,隶、分、真、草可以同时并存,亦可以一人兼擅。”[①]

千百年来,与历代名家对《天发神谶碑》备加推崇的品评相反,有截然不同看法的是明代金石家、书法家郭宗昌,他对此碑书艺嗤之以鼻,诋为“牛腹书”,认为此碑书者“忘源迷本”“为怪诞所慑”,不过是“牛鬼蛇神”。郭宗昌何许人也?竟置历代名家众口一辞对此碑崇高评价于不顾,而作出判若云泥的品评呢?郭宗昌也非等闲之辈,是深研金石的金石书法家,书艺也十分了得,被王觉斯誉为“三百年第一手”。对其评论自不能小觑。

郭宗昌(? —1652),字胤伯、允伯。陕西华州(今陕西华县)人。清初隐居不仕。所居沚园在华县白厓湖上。构一亭,柱础墄碣,皆有款识铭赞,手书自镌之。既极人工,旋复改作,凡三十年,亭竟不成。平日喜谈金石之文,名垂一时,是“迂僻好异之士”,平日以“搜剔古刻为事”。善鉴别书画、金石、篆刻,为当时第一。又善书法,清王宏《砥斋题跋》称:“征君(郭宗昌隐居不仕,故称其‘征君’)分法,直逼汉人,不知有魏,无论唐宋。王孟津(王铎)尝称为三百年第一手。”又云:“先生于书法各臻其妙,其昌明汉隶,当与昌黎(韩愈)文起八代之衰同功。”郭氏费尽一生心血所撰《金石史》(论及金石碑刻五十种)与盩厔赵崡《石墨镌华》并行于

① 胡小石:《胡小石论文集》,上海古籍出版社,1982年版,第210页。

世。《金石史》论述汉碑极精审，非泛泛之著可比。宋欧阳修、赵明诚、洪适金石学著述偏重于考证。郭宗昌《金石史》从艺术风格、特点论述，颇多创见。《金石史》《石墨镌华》两书以其学术价值为《四库全书》收录。郭宗昌又著有《松谈阁印史》。《石墨镌华》凡六卷，附录一卷。此书跋尾二百五十三种，有石无金，所收不及欧阳修《集古录》、赵明诚《金石录》两家之博，而多两家所未见，且多为亲自摹拓，所见又较两家为确。

《石墨镌华》著者赵崡，字子涵，一字屏国。明代人。陕西盩厔人。万历三十七年(1609)顾乡荐。他居住地近周、秦、汉、唐古都，古金石、名书很多。他援据考证，略仿欧阳修、赵明诚、洪迈三家，撰成《石墨镌华》。自谓穷三十年之力写成。他每获一名碑，“必摩弄累日，不忍释去，片石只字，辄疏记之”。

郭宗昌，有些书如《中国人名大辞典》把他列为明人，也有一些书如俞剑华《中国美术家人名辞典》将其列为清人，都有一定道理。不过他大半生生活在明代，崇祯间应召入都，以不能逢时，归家著书。崇祯十七年(1644)清世祖福临定都北京，他逝世于顺治九年(1652)，应是清人。清兵入关后他只生活了八年，因感情上眷恋明朝，隐居不仕，是气节凛然的文人。他倾注一生心血研究金石、书画、篆刻，且卓有成就。著有《金石史》《松谈阁印史》，都有较高学术价值。正因他有深厚学术功底和艺术实践，才敢于冒天下之大不韪，不墨守前人陈说，不人云亦云，独持异议，毫不留情地把他视作“异端”的《天发神谶碑》斥之为“牛腹书”“牛鬼蛇神”云云。

下面将郭宗昌《金石史》中论《天发神谶碑》部分移录如下：

“吴《天发碑》人皆慑于怪诞，始不能无疑，久则信。不惴源本，寸木岑楼蹄涔沧溟矣，余直以为牛腹书耳。彼秦汉之迹所不论上之岐阳石。三代彝器，其文非不奇古，皆尔雅典则，何曾为牛鬼蛇神耶。所谓彝器者，如彝常之必不可紊，作如是器，必作如是款，丝发罔逾，此古昔足尚也。吴不前于汉秦三代也，古疏昭然可镜，何遽迷源忘本，为怪诞所慑。黄长睿(宋黄伯思，字长睿。著《东观余论》，涉及书法碑帖者居多)书家张汤是穷穴得鼠者亦称之,何也?赵明诚以为妖,其知言哉。”[1]

宋赵明诚认为此碑近“妖”,似还仅针对《天发神谶碑》碑文内容而言,对此碑书艺并未表示褒贬。郭宗昌生活在天翻地覆、乾坤变色的年代,他对《天发神谶碑》不因循前人旧法,“不尚古昔”。按郭宗昌之意,古彝器文字虽“奇古”,但“皆典雅有则”。祀吴功德之碑,如同古彝器,“所谓彝器者,如彝常之必不可紊,作如是器,必作如是款,丝发罔逾”。一丝一毫都应“典雅有则”不可逾规。对《天发神谶碑》不守绳墨的创新,不符合他的审美观。郭宗昌眼中,书法温和典雅,含蓄内蕴,循规蹈矩。在传统中创新(这些是正确的),如《天发神谶碑》这样事奇迹异,书法奇险雄强,又非寻常可见,且是非篆非隶“离经叛道”的“怪异”书体,不入他的“法眼”,要大声喝倒彩是必然的了。

中国书法总是在不断继承传统与创新中发展,如果转相沿袭前人,层层相因,不能跳出前人藩篱,那书法还有欣赏的无穷魅力吗?

① (清)永瑢、纪昀等编纂:《景印文渊阁四库全书·金石史》,第683册,台湾商务印书馆,1983年版,第542页。

皇象的三件章草作品

——《急就章》《文武帖》《顽阁帖》

许慎《说文解字·序》云："汉兴，有草书。"

草书的出现，始于秦末汉初之际，东汉赵壹《非草书》指出"盖秦之末，刑峻网密，官书烦冗，战攻并作，军书交驰，羽檄纷飞，故为隶草，赴急速耳。示简易之指，非圣人之业也。"清楚地说明草书（章草）形成的社会原因，是由于当时实用的需要应运而生。文中所谓"隶草"，就是隶书的简便快捷草写，以应急就，成为一种独立的书体，后被称为"章草"，以区别于后来楷书之草写的"今草"。张怀瓘《书断》说得简明扼要："章草，隶书之捷。"胡小石先生说得更明确："隶加波挑，而行笔又加简疾，则为章草。"[①]章草是伴随汉隶而产生的字体，是带有隶意的草书。章草，简言之，是隶书的快写体。启功先生《古代字体论稿》认为以章奏的写法具有的条理和法则，比较合乎章程，用于章奏，故称章草。章草的特点是波磔分明，章法严谨，具体说是字画有波（捺的折波）磔（捺笔），字字独立无牵连，今草则正相反。

在草书这一书体门类中又有章草、今草、狂草的区别。宋黄伯思《东观余论》说："盖此虽草书，而有波磔，若正书之有分隶，既不颠放，易晓，又可赴急，宜汉人以此作檄书也。"说明章草宜于"赴急"作书。章草约在汉隶（即指八分）成熟的西汉中晚期形成，并渐趋规范成熟，至东汉已蔚然成风。胡小石先生《中国书学史》认为"西汉隶书盛时，章草亦继起而

① 胡小石：《胡小石论文集》，上海古籍出版社，1982年版，第209页。

起。隶书解篆而成，章草又解隶而成，分书（汉隶）为隶之华饰，章草则隶之减省，并时而起也”。从近代陆续出土的秦、汉竹木简牍、帛书来看，初期的草书，实质是草隶，章草就是解散隶体而简便快捷的写法。章草字字独立，不相连绵，但突破了隶书严谨的法度，比隶书洒脱流便多了。用笔仍沿袭隶书，是带有隶意的草书，起笔收笔纯用隶书方法，波磔分明，章草体势古朴而平正。西汉中期的章草已形成较为规范的草法，并成为汉代通行书体之一。章草是隶书向楷书过渡的产物。从出土的汉简中还可了解到：东汉初期已见行书和楷书的端倪，这说明汉代除隶书为官方通用书体外，篆书仍有用武之地；基层书佐徒隶把章草用于公文底稿、家书、日常记事；东汉末至魏晋之间，在隶书的基础上，再次演变草化和简化，形成了形体方正，笔画平直的真书。真书是出现于行书之后的书体，是行书的慢写，行书是真书的快写。到汉末章草书中波磔逐步消失，与真书草率化笔法相结合，形成上下连绵、左右盘圜、自由放纵的今草。隶、草、楷、行诸种书体互相渗透、互相影响。至汉末章草、今草已成时尚。启功先生《古代字体论稿》云：“无论旧体或新体的草书，到了汉末，已成为满城争唱的时调。”

东吴书家多能书几种书体，皇象一代书圣，也不例外。他善篆、隶、章草，时人谓之“书圣”。唐张怀瓘《书断》称：“休明（皇象，字休明），章草入神，八分（汉隶）入妙，小篆入能。”皇象“章草师于杜度。右军（王羲之）隶书以一形而众相，万字皆别；休明章草，虽相众而形一，万字皆同，各造其极。实而不朴，文而不华，其写《春秋》最为绝妙。八分雄才逸力，乃相亚于蔡邕，而妖冶不逮，通议伤于多肉矣”。

现在相传为皇象章草书（刻帖）尚存有三件：《急就章》《文武帖》《顽阁帖》。

皇象书《急就章》据《宣和书谱》记载，北宋时还藏于内府，但经“靖康之难”后已亡佚。《急就章》原称《急就篇》，西汉元帝时黄门令史游编纂并书。是继秦丞相李斯《仓颉篇》、中车府令赵高《爰历篇》、太史令胡毋敬《博学篇》、文园令司马相如《凡将篇》之后的又一种小学类字书。可见急就文字源于《仓颉篇》，而成为许慎《说文解字》的先导。

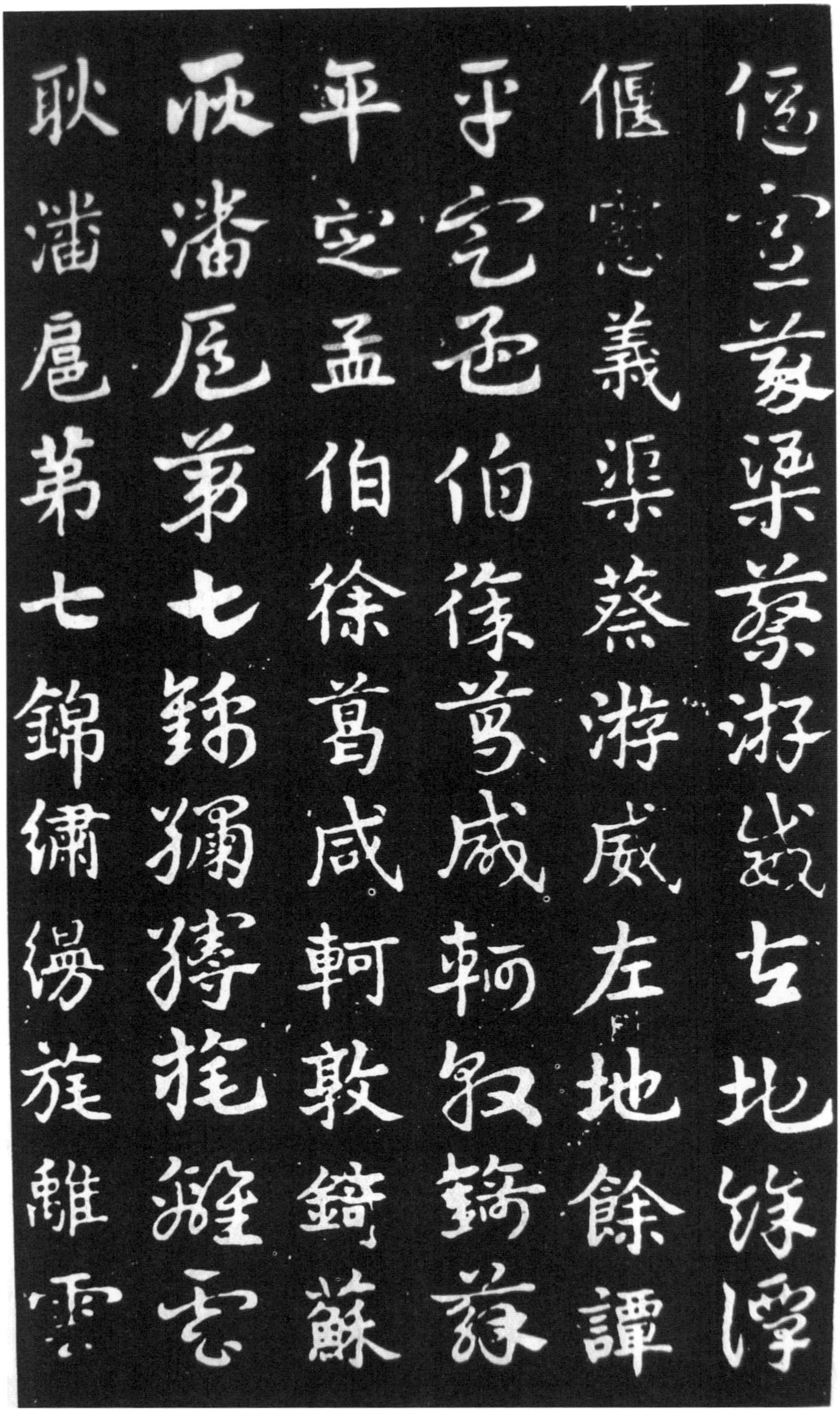

图十五　三国吴皇象《急就章》

史游，西汉元帝时官黄门令。曾解散隶体粗书之，存字之梗概，损隶之规矩，纵任奔逸，赴俗急就，作《急就章》。因草创之义，称为“草书”，或称章草。《仓颉》《爰历》《博学》《凡将》诸篇，今均亡佚。惟《急就》一篇颜师古注本犹存。

史游以后自汉至宋曾以章草书写《急就章》的书法家，有史籍可证的有汉代崔瑗、张芝，三国魏钟繇，晋索靖，三国吴皇象，晋卫夫人（卫铄）、王羲之，南朝梁萧子云，六朝北魏崔浩，唐陆柬之，宋太宗（赵构）等人。五代逮宋工章草书者寥寥，章草已如广陵散。直至元代由于赵孟頫大力鼓吹，并亲身实践，遂使几成绝响的章草在元明复振。元代赵孟頫、邓文原、明代宋克都用章草书写《急就章》。

“急就奇觚与众异，罗列诸物名姓字；分别部居不杂厕，用曰约少成快意；勉力务之必有熹……”因开篇首句有“急就”二字，故以名篇。

《急就章》是汉代教学童启蒙的教科书，以当时常用字，编为七字韵句，旧分三十四章，现存三十二章，每章六十三字。“急就”即速成之意。“觚”是古代用以书写的木简或竹简，用竹或木削成，多为三棱或六棱。《急就章》每章的文字内容，按同科类，依声韵组合而成。《急就章》盛行于魏晋时期，抄写流传很广。“急就”是全书首句的头两字，是很快可学成之意，故以名篇。篇中分章叙述各种名物。其内容大抵按姓氏、百工、农商、服饰、音乐、饮食、起居、器具、建筑、植物、水族、禽畜、生理、疾病、医药、祭祀、百官、刑律、赞颂等分类编成七字韵语，少数章节为三言、四言韵语，隔句押韵，以便于记忆与讽诵。每章按同科分类，很少有承接关系。但因隔句押韵，故读来朗朗上口。因供蒙童识字用，故力求无重复字。

《急就章》有不同传本，文字也略有差异。皇象写本为引章。有二千零二十三字，堪称宏篇巨帙了。皇象写本真迹，早已亡佚。宋米芾论书主张看真迹，他说：“石刻不可学，必须真迹观之始得趣。”确实，真迹可见笔法，用笔的起落和转折顿挫。但真迹亡佚，退而求其次，观赏好的拓本，来追溯其笔法也是不幸中大幸事。

皇象书《急就章》刻本有数种。最著名者为“松江本”。“松江本”为明正统年初吉水杨政据宋叶梦得所摹旧刻而刻。北宋宣和二年（1120），叶

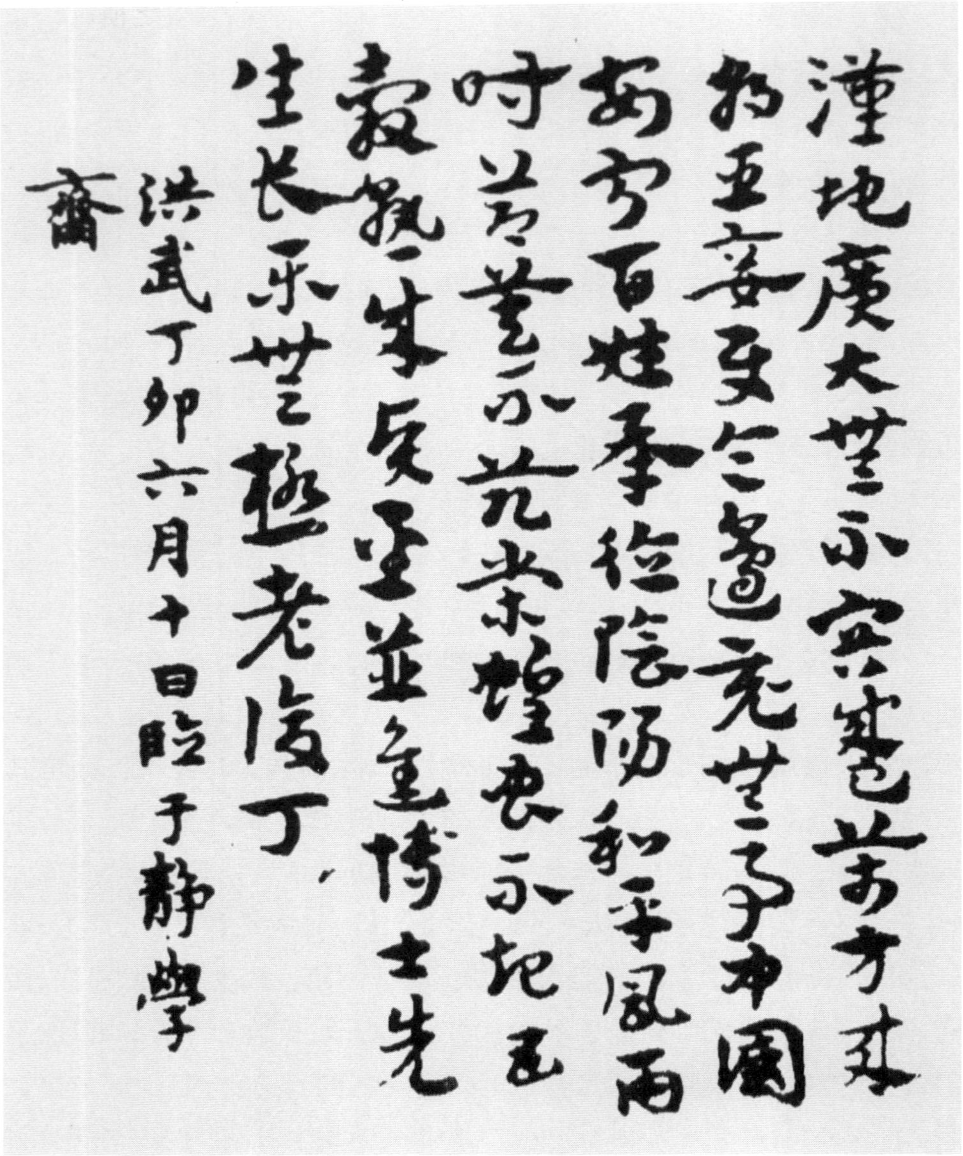

图十六　明代宋克《急就章》

梦得以唐摹本皇象墨迹摹刻于颍昌（今河南许昌）。但叶梦得摹本首尾有缺文。明正统四年（1439）吉水杨政复就所藏叶梦得摹刻的颍昌残本，缺处以明宋克临本补足，重刻于（上海）松江，今在松江醉白池，称为“松江本”，即目前所传皇象《急就章》最佳本。“松江本”原石尚存，但已有损泐。沈曾植《海日楼札丛》云：“细玩《松江急就》，决为唐临不疑，有讹略之迹而无讹略之情也。推迹以知情,是在善学者。”

松江本《急就章》上下分六栏,栏三十三行,行十一字,章草、楷书释文各一行。碑阴背面上两栏续刻,下为叶梦得宣和二年(1120)题跋,再下为据宋克临本的补字,末为杨政题记,最后一行为“顾士宁、姚德成刊”。叶梦得在宣和二年原题有句云:“此书规模简古,气象沉远,犹有蔡邕、钟繇用笔意。虽不可定为象书,决非近世所能伪为者。自李斯作《仓颉》,其后《爰历》《博学》《凡将》《元尚》与《急就》五家继作,皆为小学所宗,故字书略备。今《仓颉》而下皆亡,独此书有颜师古注本尚在,乃相与参校,以正书并列中间,临拓转写,多不无失实。好事者能因其遗法,以意自求于刻画之外,庶几绝学可复续也。”叶梦得题辞中有“相传为皇象所书”,毕竟他未见过皇象墨迹真本,仅据唐人摹本,所以采取审慎态度是对的。但他又说“决非近世所能伪为者”,因其书“规模简古,气象沉远”,下了否定近人伪作的断语。近代学者王国维精研金石碑版,历年搜集《急就章》十余种,详加考订,他在《校松江急就篇序》中说:“叶(梦得)跋称《急就》二千二十三字,摹张邓公家本,相传为皇象书。今考其章数、文字,均与王氏所引皇象碑本合,是叶本出皇,殆属可信。”此帖真书与章草二体并刻,横竖皆成行列,法度严整不苟。此帖虽屡经摹刻,但气息高古,遒丽沉着。明代丰坊(道生)评皇象《急就章》“极淳古,非诸家所及”。

张怀瓘《书断》认为“右军(羲之)隶书以一形而众相,万字皆别;休明(皇象)章草虽相众而形一,万字皆同,各造其极”。王羲之隶书(楷书)变化万千,是以隶(楷书)取胜,是羲之去职赋闲以后闲情逸致以诗文自娱达到的至高境界;而皇象擅长章草是位至侍中时,他的章草书删繁就简,点画简约,凝重含蓄,整篇二千余字,气息古朴温厚,沉着痛快,纵横自然。张怀瓘《书断》中:“一”指书法的普遍规律,“万”指书法的特殊规律;前者意在用笔,后者则指书法流派。张怀瓘认为皇象、王羲之两位“书圣”书艺旗鼓相当,都达到了登峰造极的水平。窦泉《述书赋》认为皇象章草书艺“朴质古情,难以穷真,非可学成,似龙蠖蛰启,伸盘腹行”。“蠖”,即尺蠖,昆虫名。行时屈曲其体。用龙蠖来比喻书法点画,屈曲多变，有生动活泼意象。刘宋羊欣云："吴人皇象能草，世称沉着痛快。""沉着痛快"，是指皇象章草书法用笔深厚力透纸背，而不凝滞，运锋酣畅而不佻薄。张怀瓘《书断》评皇象"章草入神"，袁昂《书品》云："皇象书如歌声绕梁，琴人舍徽。"可见其书法遗音余韵于笔墨之外。

皇象章草书刻除《急就章》外，还有两件：《文武帖》《顽阁帖》。

《文武帖》书风安详平静，用笔婉转遒劲，点画简约含蓄。精致工稳，从中可见转折、顿挫之奥妙。文而不华，质而不野，古雅苍郁。

《顽阁帖》书体与《文武帖》相似，用笔使转圆熟自得，轻松随意，收笔并不一律"捺脚"，或点或回钩，已显今草端倪。

从出土的东汉章草砖刻《急就砖》，上面有工匠用锥子或竹签之类信手刻画，上面文字："急就奇觚（与）众异，（句中脱漏"与"字）罗列诸物名姓字，分别部居不杂厕，用日约少"，因为《急就章》是当时启蒙读物，故文化程度不高的工匠也能随手刻出。可见在东汉，章草也普遍使用，此砖开首"急就奇"之字还是隶书，中间部分字体草率不经意的草书。还有一方东汉《公羊传砖》，五行字，虽也是匠人信手刻划，但有"正月"等字作章草，但多数字还是隶草，可见在东汉章草流行也有一个过程，是渐变过程。另外工匠限于文化水平，写章草还不熟练。东汉建宁三年（170）的曹操宗族墓葬，出土带字墓砖三百七十四块。1977年在安徽省亳县南郊出土。其中"会稽曹君"四字，是成熟的章草书，另一块砖上刻"为将奈何吾真愁怀"却是显得成熟的今草。墓砖有章草十四块，篆书三块，隶书五十六块，今草六块，真书、行书二百二十二块。可见章草、今草、篆、隶、真、行在东汉民间广泛流行，互有影响。

汉代章草书的庐山真面在近代陆续出土的汉代竹木简牍中也有露面，如《流沙坠简》中《新莽殄灭简》经罗振玉考定为始建国五年（13）简，对此简书法评价极高，他认为："此简章草精绝，虽寥寥不及二十字，然使过江十纸犹在人间，不足贵也，张（芝）、索（靖）以前，一旦寓目，惊喜何可量耶！"（《简牍遗文考释》）。"过江十纸"是指庾翼东渡前藏有张芝章草书十纸，后亡佚。

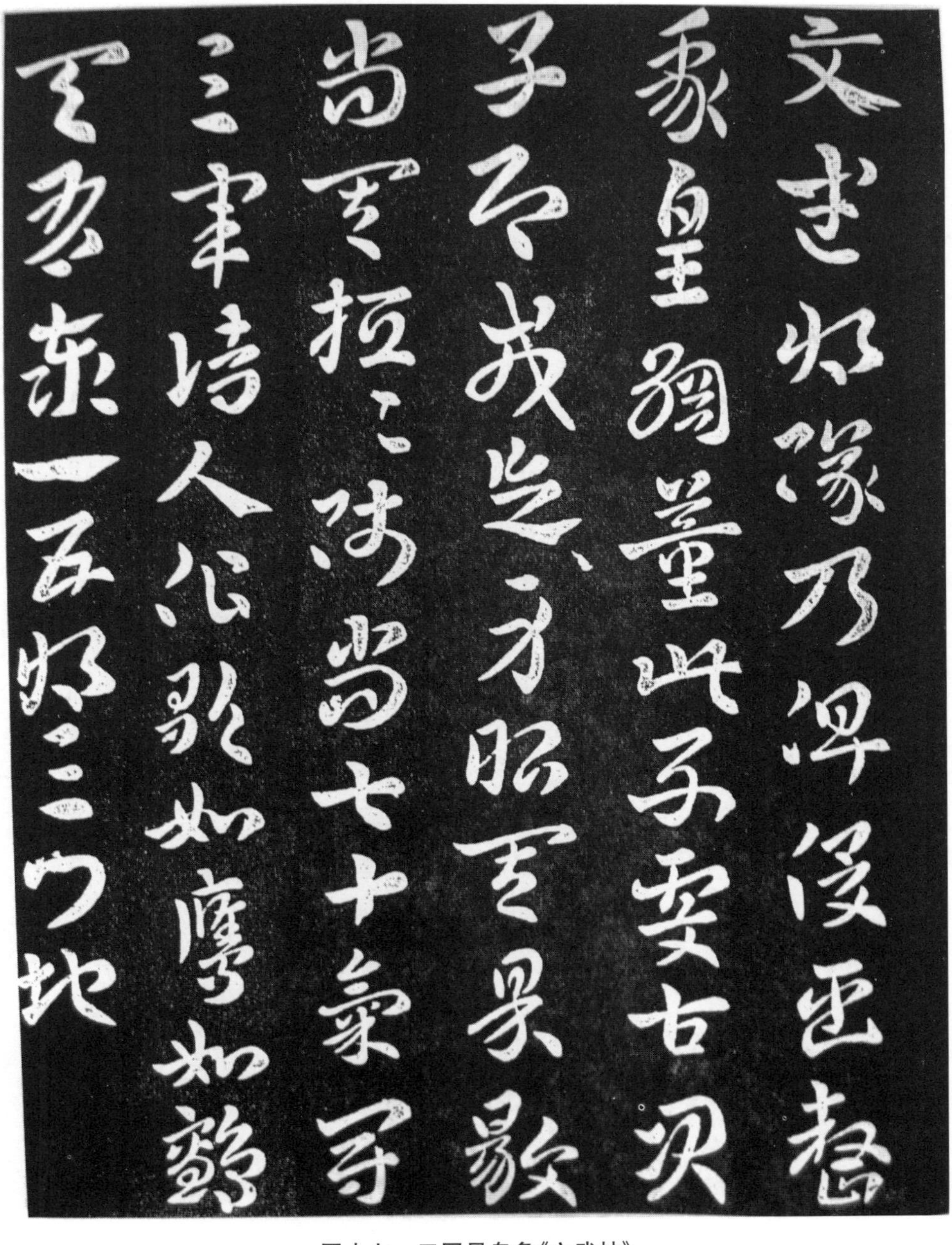

图十七　三国吴皇象《文武帖》

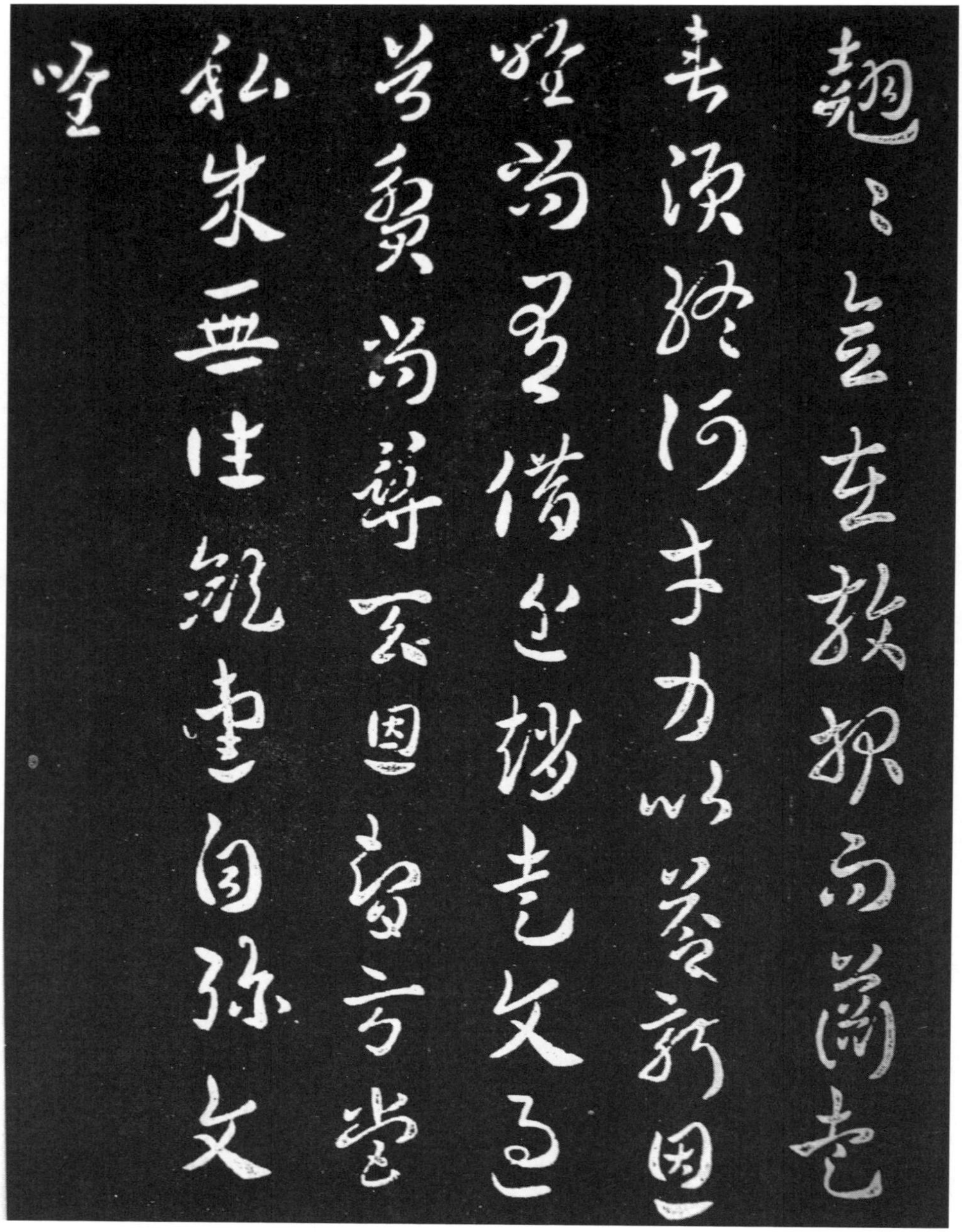

图十八　三国吴皇象《顽阇帖》

图十九　东汉《公羊传砖》

皇象与王羲之——两位“书圣”身后不同的遭遇

三国吴皇象与东晋王羲之，先后被称誉为“书圣”。“书圣”是喻书法家至尊者，东晋葛洪认为“众所不及，便谓之圣”。“书圣”的人品、书艺皆登峰造极。皇象与王羲之书艺各有千秋，难分轩轾。若论对后世书坛影响，皇象不免逊色一些，远不及王羲之声名显赫。究其原因，我认为有两个方面。

一、帝王的倡导。王羲之书法起初不及庾翼、郗愔，后来奋起直追，超过了庾、郗。南梁虞龢《论书表》云：“羲之书在始未能有奇，殊不胜庾翼、郗愔，迨其末年，乃造其极。尝以章草答庾亮，亮以示翼，翼叹服。”因与羲之书云：“吾昔有伯英（张芝）章草书十纸，过江亡失，常痛妙迹永绝。忽见足下答家兄书，焕若神明，顿还旧观。”过江诸名士很多擅长书法，王、谢、郗、庾、桓氏家族中善书者甚多。《淳化阁帖》中保存了不少王、谢、郗、庾、桓宗族中书家手迹。

王羲之书法早年得卫夫人启蒙，并从钟繇、张芝书艺，汲取精华，对钟繇楷书进行变革。将钟楷书结体扁方改为长方，横画改平势为斜势，羲之楷书结字紧凑，变化生动，尽脱钟书的隶书遗意。羲之书能汲取汉魏书家精华，又汲取民间书法营养，自辟新境，书风新妍流美，自然洒脱。正反映了魏晋士人飘逸超脱的人格，以及崇尚自然、自由奔放的人性，寄寓在其刚柔兼济、顾盼生姿的行草书中。梁武帝说王羲之书“如龙跃天门，虎卧凤阙。故历代宝之，永以为训”。胡小石《书艺略论》云：“梁代重大王（羲之）书，武帝、陶弘景皆学王书。”梁武帝特喜王羲之书法，竭力提倡王书，上行下效。故梁代宫廷、民间竞相学王，承袭王书成时代风尚。梁武帝还下令，广为搜访天下法书。内府秘藏王羲之书迹合计七千纸之多。太清二年(548)爆发“侯景之乱”,历时五年之久,建康城沦为废墟。这期间书画恐怕也损失不少。

萧绎,字世诚,梁武帝第七子,后即帝位,是梁元帝。他博极群书,工书善画。承圣末年魏师袭荆州,城陷将降。乃聚古画、法书、典籍二十四万卷焚之,并欲投火俱焚,宫嫔牵衣得免。梁元帝命保住了,但二十四万卷字、画、典籍被他焚毁。可以想象除了大量王羲之法书,皇象一代书圣,一生书迹应该不少,这次火焚,应该会有皇象的法书也被付之一炬。所以皇象书法传世作品特少。

到了唐代,唐太宗李世民推崇王羲之书法到至高无上的地位。唐太宗贞观二十二年(648)亲撰《王羲之赞论》:“所以详察古今研精篆素,尽善尽美,其惟王逸少乎!观其点曳之工,裁成之妙,烟霏露结,状若断而还连,凤翥龙蟠,势如斜而反直,玩之不觉为倦,览之莫识其端,心摹手追,此人而已。”唐太宗不仅自己心摹手追,不遗余力,还向普天下大力推广。据说唐太宗收有王羲之书三千六百纸。褚遂良编《晋右军王羲之书目》计四百六十五帖。唐太宗又命欧阳询、虞世南、褚遂良、冯承素、赵模等钩摹羲之《兰亭序》,以赐近臣。今存世的《兰亭序》皆为当时的摹本。唐代,由于唐太宗的“尊王”,使王羲之草、行独尊。形成“一道德,谨家法,以同天下之习”的局面。唐代刻石有《十七帖》《定武兰亭》。唐代习“王”字蔚然成风。唐武则天万岁通天二年(697),王羲之家族后裔王方庆进王氏一门书翰十通。武则天命以真迹为蓝本,用钩填法摹之以留内府,通称《万岁通天帖》。唐代两位僧人费时多年集羲之书成《怀仁集王书圣教序》《大雅集兴福寺半截碑》。这些对推广学习王书及王羲之书法传承谱系的确立,以及王羲之在中国书法史上经久不衰的崇高地位创造了条件。王羲之、王献之父子书法流派深刻影响了中国书法的发展,对后世书家影响深远,历代师承二王者代不乏人。

宋太宗赵光义擅长书法也重视书法,曾“诏天下郡县搜访前哲墨迹图画”,并送往京城。淳化三年(992),王著奉敕摹刻成《淳化阁帖》十卷,其中王羲之三卷。宋徽宗赵佶工书善画,北宋《宣和书谱》记内府藏王羲之二百四十三纸。但经“靖康之乱”,这些王羲之书迹也不知所终。王羲之书法唐代钩填摹本尚有流传，另外羲之书法刻帖甚多，这些虽下真迹一等，但可据此探求其书法渊源及其笔法。王羲之书法传承代不乏人。

皇象工书章草入神，八分（汉隶）入妙，小篆入能。惜传于后世仅有篆书《天发神谶碑》、章草《急就章》《文武帖》《顽闇帖》寥寥几件。在数量上远不及王羲之。加之《天发神谶碑》，尽管书法“奇伟惊世”（康有为评语），但历代封建统治者绝不会提倡不循常规“离经叛道”之作。据《宣和书谱》载内府藏有皇象书《急就章》一件，这件硕果仅存的皇象书迹，“靖康之难”以后绝迹人间。

二、皇象书法作品传世远比王羲之数量少，而且《天发神谶碑》书法体兼篆籀，“壁垒太峻，攀者却步，故嗣音少耳”（马宗霍《书林藻鉴》语），既不易学，不善学者“竞趋险怪”又易“坠入恶道”。师承皇象书法者相对要少得多。清代张廷济、徐三庚学《天发神谶碑》似乎惟妙惟肖，但不免流于形似，秀逸有余，雄强不足。皇象所书章草《急就章》，后世摹习者不少。但是章草书体自五代至宋绝响多年，直至元代赵孟頫大力倡导才重新复兴，元代有康里巎巎、邓文原等人亦善章草。

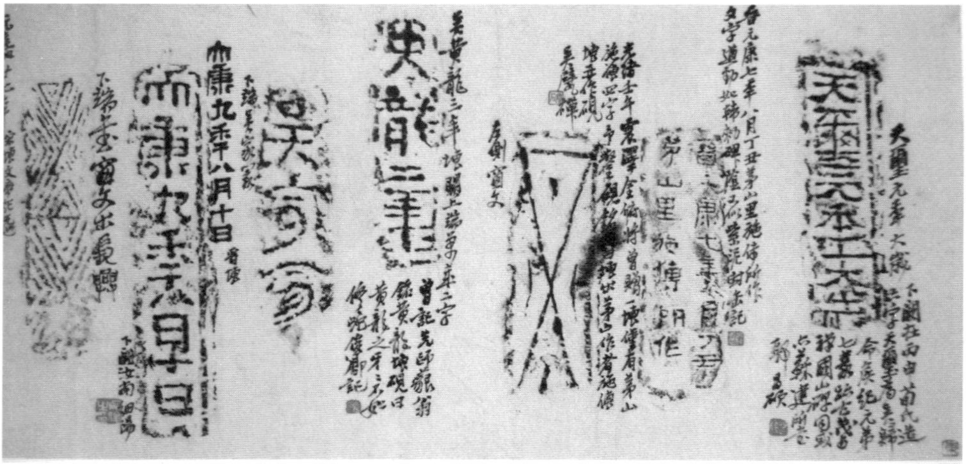

图二十　吴昌硕题古砖拓

王羲之书法善草、隶、八分、飞白、章、行，备精诸体，自成一家。其书风新妍流美，温和典雅，不激不厉，含蓄隽永。魏晋以后学书者大多宗师王羲之或钟繇。魏晋以后楷、行、草，三种书体的发展与王书一脉相承。

历代承袭王书血脉，自成风格的书家有唐代虞世南、欧阳询、褚遂良、薛稷、唐太宗、唐高宗、唐玄宗、孙过庭、李邕、张旭、颜真卿、释怀素、柳公权等人。五代杨风子，宋代李建中、文彦博、欧阳修、蔡襄、黄庭坚、薛绍彭、米芾、蔡京、陆游、范成大、张即之等人。元代赵孟頫、鲜于枢、康里巎巎、柯九思、饶介、杨维桢、冯子振等人。明代徐渭、陈献章、祝允明、唐寅、文徵明、王宠、沈粲、宋克、沈周、陈淳、郑侗、董其昌、倪文璐、张瑞图等人。清代王铎、傅山、张照、王文治、陈曼生、何绍基等人。近代吴昌硕、郑孝胥、齐白石、黄宾虹等人。从以上所列历代书家继承王书而各有创新，可见王书历代相传的延续性。

皇象的书艺成就与历史地位

皇象的书法艺术自东晋思想家、医学家、书法家葛洪在其所著《抱朴子》("抱朴",意谓抱守本真,不为物欲所惑。《老子·十九章》:"见素抱朴,少私寡欲。"葛洪,号抱朴子)中论及吴国书法家:"吴之善书者,皇象、刘纂、岑伯然、朱季平,皆一代之绝手。"又云:"书圣者皇象。"这是中国书法史上第一位被称作"书圣"的书法家。这也说明东晋时皇象书迹应存世不少,葛洪应该亲眼观赏过皇象的书法作品。皇象书艺在葛洪心目中已超越众多书家,书艺已登峰造极,是当时顶尖书法家,无人能及。后世书家除个别人,如明代郭宗昌外,都众口一辞对其书艺极其推重。"山到成名毕竟高",既是书圣,必有卓越的本领,历代书家对其书艺评赞甚多。如南朝宋羊欣云:"吴人皇象能草,世称沉着痛快。"袁昂《书评》:"皇象书如歌声绕梁,琴人舍徽。"《三国志·吴志·赵达传》注:休明(皇象)"幼工书,时有张子并、陈良甫能书。甫恨逋,并恨峻。象斟酌其间,甚得其妙,中国善书者不能及也。与严武棋、曹不兴画等谓之八绝云"。唐窦臮《述书赋》:"广陵休明,朴质古情,难以穷真,非可学成,似龙蠖蛰启,伸盘复行。"唐张怀瓘《书断》:"象章草入神,八分入妙,小篆入能,章草师于杜度。右军隶书以一形而众相,万字皆别;休明(皇象)章草虽相众而形一,万字皆同,各造其极。"又称:"八分雄逸,力乃均于蔡邕,而妖冶不逮,通议伤于多肉矣。"宋黄伯思《东观余论》:"象书人间殊少,惟建邺有吴时《天发神谶碑》。若篆若隶,字势雄伟。"宋董逌《广川书跋》:"象书吴大帝碑(天发神谶碑),虽本汉隶,然探奇振古,有三代纯朴气,自是绝艺。非如东汉遗书,循一矩律,藉蹈缀袭,窃而自私也。"又曰:"象章草帖,故自精深奇崛。”[①]《宣和书谱》:“象工八分、篆、草,论者以比龙蝼蛰启,蟠屈腾踔,有纵横自然之妙。或谓如歌声绕梁,琴人舍徽,则又见其遗音余韵,得之笔墨外也。”《金壶记》:“象书《春秋》尤妙,时人谓之书圣。”《集庆续志》:“象书独步汉末,《天发神谶碑》体兼篆籀,宜居周鼓秦刻之次。魏钟繇诸书无论也。”康有为云:“《天发神谶碑》,奇伟惊世。”马一浮云:“皇象书如韵音绕梁,孤飞独舞;孔琳之书如散花空中,流徽自得;李岩之书如镂金素月,屈玉自照。”皇象善于学习前人书法规矩法度,又跳出前人藩篱。《天发神谶碑》貌似不合法度,法度自在其中,可见皇象“志在新奇”,独造神妙。

从以上历代名家对皇象《天发神谶碑》及章草《急就章》都予以高度评价。《天发神谶碑》在东吴书坛横空出世,不是偶然的。虽然有人认为此碑书法怪诞离奇,清郭宗昌甚至诋为“牛腹书”“牛鬼蛇神”,但细细观赏其书艺,非同一般。清杨守敬评此碑:“篆兼隶体,时有怪异之笔,真奇作也。”又云:“此字与《禅国山碑》相类,观其笔法未必追踪秦相(李斯),也断非后代所及。”

《天发神谶碑》因其字形奇古,以隶书笔意作篆书,书兼篆隶,方圆互用,别开蹊径。这种非篆非隶的书体,不仅在当时新颖别致,千百年来仍然属新奇书体。关于《天发神谶碑》的师承渊源、来踪去迹,众说纷纭。创新是书艺发展的生命力,元陶宗仪曰:“夫兵无常势,字无常法……若悟其机,则纵横皆成意象矣。”

宋董逌《广川书跋》说得好,此碑“虽本汉隶,然探奇振古,有三代纯朴气,自是绝艺”。《广川书跋》点到了“有三代纯朴气”,说中了《天发神谶碑》,书法渊源可远追三代钟鼎彝器铭文,胡小石先生说得更具体,他认为“《天发神谶碑》用笔方折,多法《大盂鼎》,亦可想见若人性情之强傲”[②]。他认为《天发神谶碑》用方笔取法《大盂鼎》,他对《大盂鼎》铭文书法评价很高,他说:“方笔古文之大器,莫若《盂鼎》,其下笔楔而折如⌒,

---

① 崔尔平选编点校:《历代书法论文选续编》,上海书画出版社,1999年版,第98页。

② 胡小石著,游寿整理,陶辉、彭传诵编注:《中国书学史》,中国文史出版社,2014年版,第35页。

此可名之折钗股。"《大盂鼎》是西周前期金文代表作，铭文十九行，计二百九十一字。内容为周王对盂赐命之辞。殷代因酗酒亡国，周代忌酒而兴，请盂尽心辅助他敬承文王、武王的德政。铭文书法结字取纵势，起止之锐圆，因势而异，书法风格端严凝重，朴茂遒劲。方笔多折，断而后起，昔人喻为折钗股。胡小石先生还从《天发神谶碑》的书法风格"可想见若人性情之强傲"，从书法可推测其人"性情"，"书如其人"是很有道理的。"书者，情性之风标，神明之律吕"（萧子显）。宋叶梦得《避暑闲话》说："意之所向，发于书者，宜亦似之也。"是说作书者性格、学识会反映在其书法作品中。清刘熙载《书概》说："书者，如也。如其字，如其才，如其志，总之曰如其人而已。"（《艺概书概》）"书如其人"指书法能表现作者学识、志向和性格。书艺境界之高下，雅俗之分岭，重在书者之学识和修养，"功夫在书外"。胸无点墨，即使有笔墨技巧，亦不过书匠而已。

康有为认为《天发神谶碑》转折方圆似《新嘉量铭》，曳脚似《景君铭》，主要横画似《甘谷汉简》。这样分析，虽很具体，不免东鳞西爪，未足以论全貌。唐张怀瓘《书断》论书法："囊括万殊，裁成一相。"意为集合种种认识和感受，抽象为笔端的字形。并不具体表现物象的形貌，却在点画线条中概括表现自然万象之美。中国汉字，就是"博采众美，合而成字"。

清沈曾植《海日楼书论》谈到东汉《校官碑》："《校官碑》结字用笔，沉郁雄宕，北通《夏承》，南开《天发（神谶）》。吴会书自有一种风气，略近中郎（蔡邕），而益畅土风。《谷朗》《爨碑》皆其遗韵。"[1]据近人智龛先生考证，东吴钱币"大泉当千"，上面四个篆字用悬针篆，篆意与《天发神谶碑》相近，他进一步推论《天发神谶碑》书体是三国吴孙皓时期流行的一种书体，可能使用在正规文字上。《天发神谶碑》书法用篆书，并继承了汉代篆隶参用法，汉碑中《祀三公山碑》以方笔写篆书，《天发神谶碑》可谓脱胎于此碑。汉《夏承碑》结字奇特，隶篆夹杂，多存篆籀气，神采飞扬。上述两通汉碑也影响到《天发神谶碑》的书法。一般来说，篆书多用圆笔，然

① 沈曾植：《海日楼书论》，载《明清书法论文选》，上海书店出版社，1994年版，第914页。

图二十一　汉《新莽铜嘉量铭》

此碑以方笔作篆，结体修长，体方势圆，以圆驭方，方折盘旋，收笔尖锐作悬针篆，是别开生面之作。其起笔见方，方折劲峭，意志奇崛，结体上紧下松，又似化用汉《新莽铜嘉量铭》。《新莽铜嘉量铭》字形修长，以小篆为本，笔画方折挺劲，上紧下舒，垂脚舒长。统观《天发神谶碑》书法结体修长，体方势圆，以圆驭方，收笔尖锐，竖画悬针及曳脚，星罗棋布，使人倍感神秘，如入威武的兵阵，剑戟森然，铠甲列阵，予人视觉上的震撼感。不由使人想起了"甲光向日金鳞开"的诗句。也可见书者卓荦不群、倔强突兀气。

皇象书艺对后世书法产生了深远的影响。在中国书法史上具有承前启后的重要地位。历代不乏私淑追摹者。自宋叶梦得以唐摹皇象《急就章》摹刻于颍昌并加题跋后，章草五代至宋已成绝响，直至元代赵孟頫、邓文原、康里巎巎等都不遗余力研习皇象章草《急就章》，明代宋克草书得力于皇象《急就章》，变皇象章草遒厚古雅为爽快圆劲。宋克章草书潇洒遒劲，气韵生动。明代宋璲，精篆、隶、真、草书。"尝见吴天玺元年皇象书三段石刻，观之至忘寝食，遂悟笔法。"可见宋璲对皇象书《天发神谶碑》之倾倒，以至于“废寝忘食”。宋璲是明初书法名家，各体皆精，其大篆纯熟姿媚。明代赵宧光堪称皇象的异代知音。赵宧光，字凡夫，号寒山子，江苏太仓人。读书嗜古，通文字学，精于篆书，他变化吴《天发神谶碑》掺以行草笔法，自创一格，世称“草篆”。他著有《说文长篆》《六书长笺》。

清代“扬州八怪”中金冬心、郑板桥两家书法宗法汉魏。

金农，字寿门，号冬心。钱塘人。寓扬州鬻书画以终。工书画篆刻。书法工八分，变汉人法，后又师《禅国山碑》《天发神谶碑》，自创一格，世称“漆书”。以拙为妍，以重为巧，得力于《天发神谶碑》。

郑燮，字克柔，号板桥。兴化人。工书画。狂草古籀，一字一笔兼有众妙，分行布白，疏疏朗朗，多出新意，自称“六分半书”。其书法也受《天发神谶碑》创新的启迪。

邓石如，字顽伯，号完白山人。安徽怀宁人。清代大书家，兼擅篆刻。他于书法专攻篆隶，他承秦汉篆书，一扫唐宋以来篆书柔弱板滞之风。治印则“印从书出”。他治印“以《国山》石刻、《天发神谶》文、《三公山碑》作其气，《开母石阙》致其朴，《之罘》二十八字端其神，《石鼓文》以畅其致，彝器款识以尽其变，汉人碑额以博其体”。在此基础上，以隶法作篆，突破千年来玉箸篆的藩篱，为清代篆书开辟了新天地。

张廷济，字说舟，号叔未。浙江嘉兴人。清嘉庆解元。工诗词，精金石考据之学，收藏鼎彝碑版及书画甚多。能篆、隶，精行、楷，观摹钟、王、后出入颜（真卿）、欧（阳询）间，晚兼法米芾。《清史稿》称其“草隶独出冠时”。论书颇精，著有《金石文学》《清仪阁题跋》《桂馨堂集》《眉寿堂集》。张廷济《清仪阁题跋》中论及《天发神谶碑》：“《吴天玺纪功碑》，雄奇变化，沉着痛快，如折古刀，如断古钗，为两汉来不可无一，不能有二之第一佳迹。”可见其对此碑书艺激赏之情溢于言表。他还悉心临习揣摹此碑，以《天发神谶碑》体撰并书对联：“将军更解神谶字，太史含书大有年”。张廷济说《天发神谶碑》“不可无一，不能有二”说得极是。艺术贵在创新，《天发神谶碑》自创一格，难能可贵。但如果群起仿效，那就难免东施效颦了。

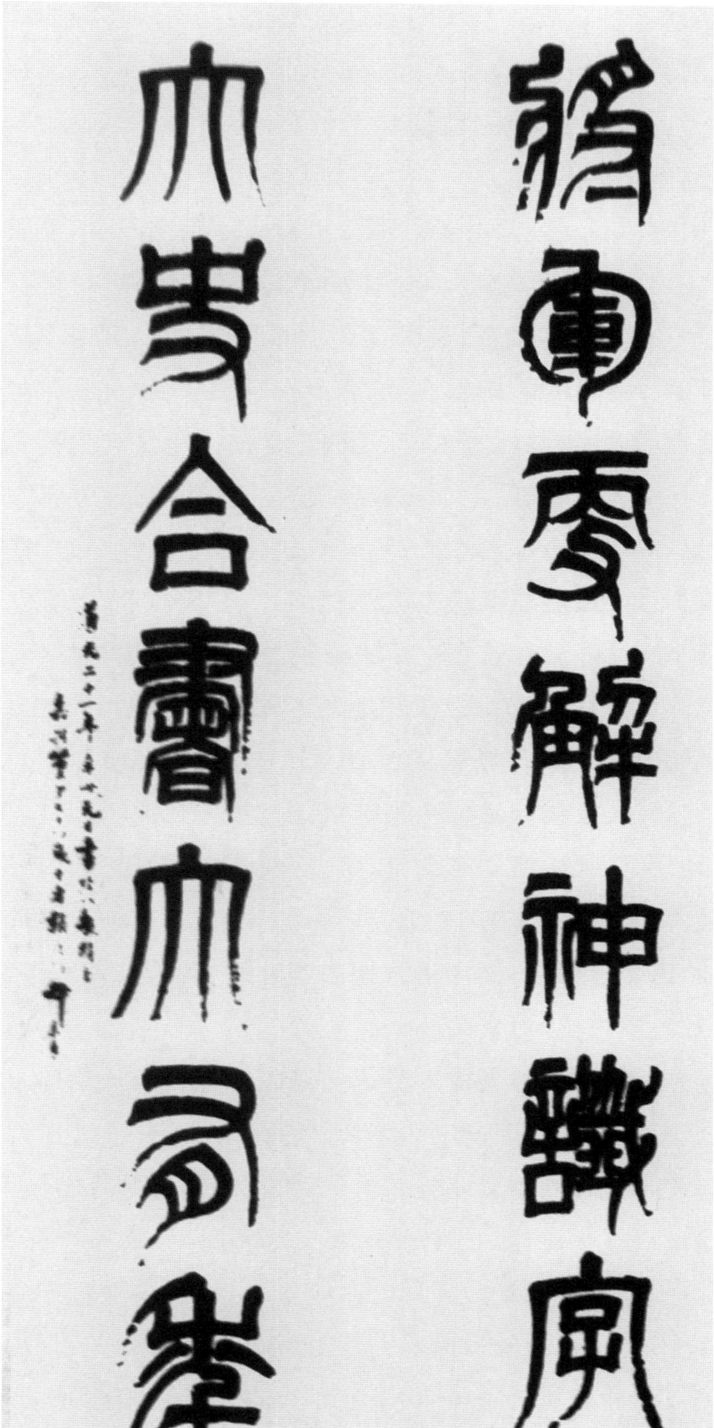

图二十二　清张廷济篆书

清吴熙载，号让之。扬州仪征人。包世臣弟子、邓石如再传弟子。工书画篆刻。其篆刻艺术在近代影响深远。亦喜摹写《天发神谶碑》等，在刻印中参以碑碣的刀法，发扬光大了邓(石如)派篆刻艺术。有《师慎轩印谱》《吴让之印谱》等。

清徐三庚，字辛穀，号井罍。浙江上虞人。精金石文字，善篆隶。尤善篆书。苦习《天发神谶碑》，将《神谶碑》的笔法体势，与邓石如、汉《韩仁铭额》《华山庙碑额》融合，参以金冬心的侧笔用法，其篆书风格方劲犀利，简洁舒朗，纤细流丽，飘逸多姿，在吴熙载、赵之谦外另辟面目。刻印常用《天发神谶碑》字的体势入印。著《金罍山民印存》二卷。

清胡澍，字荄甫，号石生。安徽绩溪人。工篆书，得秦、汉人遗意。

赵之谦，字㧑叔，号悲庵。清会稽人。篆隶宗邓石如，篆书汲取汉《三公山碑》、吴《天发神谶碑》笔意，旁及汉篆碑额体势，参以隶书和此碑方笔，不拘一格，峻峭流畅，爽辣洒脱。以魏碑笔势入正、行书。篆刻取资广博，《天发神谶碑》也受到他的青睐，他取法《天发神谶碑》刻"丁文蔚"白文印，单刀深切，意境高妙，开篆刻写意派之先河，对后世齐白石影响甚大。著《寰宇访碑录》《六朝别字记》《章安杂说》等。

王石经，字西泉。清山东潍县人。有膂力，入武庠。工铁笔、善篆隶书，嗜古最深。与邑人陈簠斋、郭麐折柬往来，夙称莫逆。尝同陈簠斋检定万印楼印谱。有《甄古斋印谱》《西泉印存》。曾为陈簠斋以《天发神谶碑》书体刻"海滨病史"白文印。

黄士陵，字牧甫。清安徽黟县人。篆书渊懿朴茂。治印早年取法吴熙载、赵之谦，于秦汉玺印外，广泛取资钟鼎泉布、秦权汉瓦、镜铭碑碣，化古为新，形成特有的印文体势。于汉碑、吴碑亦有摹习之作。

李瑞清，近代书画家，艺术教育家。字仲麟，号梅庵。江西临川人。光绪二十一年(1895)进士。任两江师范监督(校长)，兼江宁提学使。提倡艺术教育不遗余力。幼习鼎彝，长学两汉、六朝碑碣，后纳碑入帖作行草。精六书，善大篆。善画山水，花卉。李瑞清临西晋索靖书章草《出师颂》后题跋："世传皇象书《天发神谶碑》一碑而已，张怀瓘以为'沉着痛

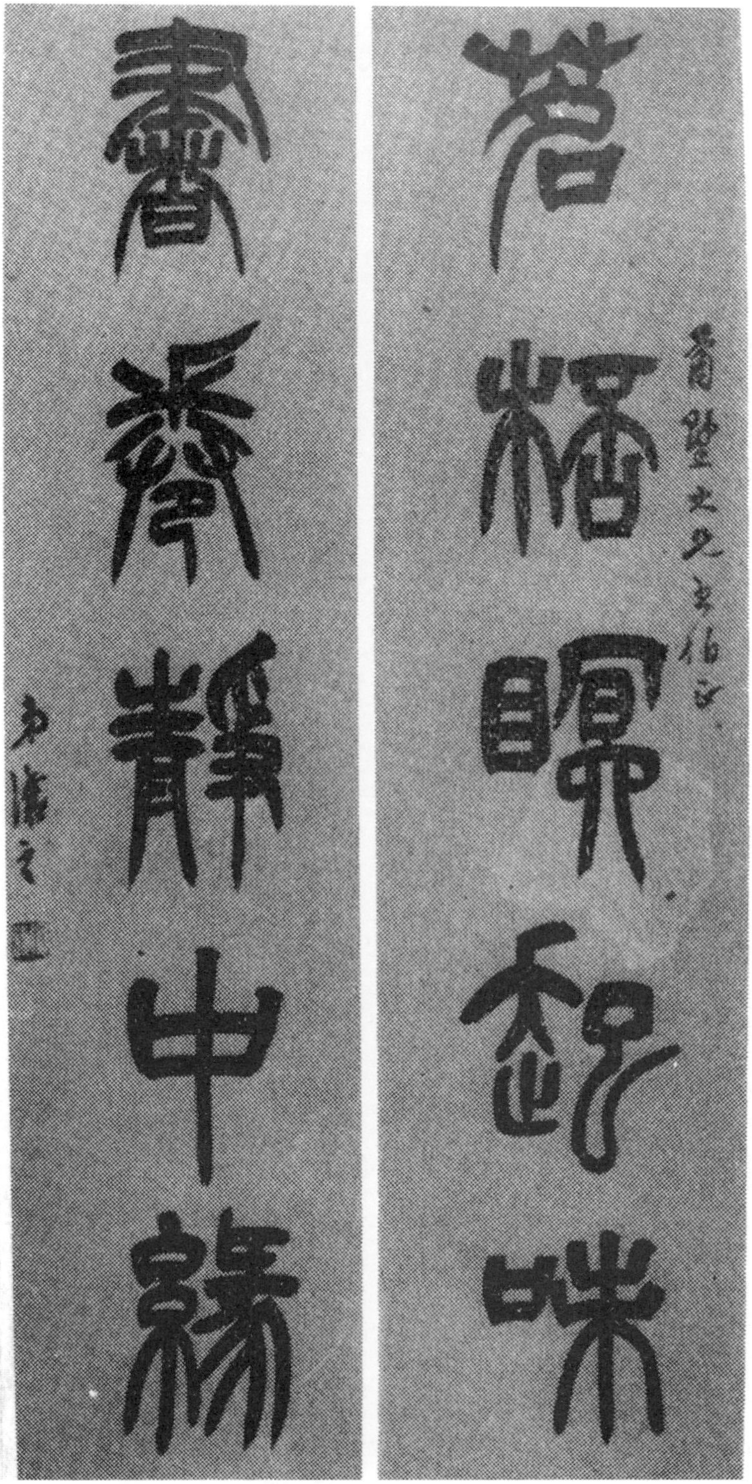

图二十三　清吴让之篆书五言联

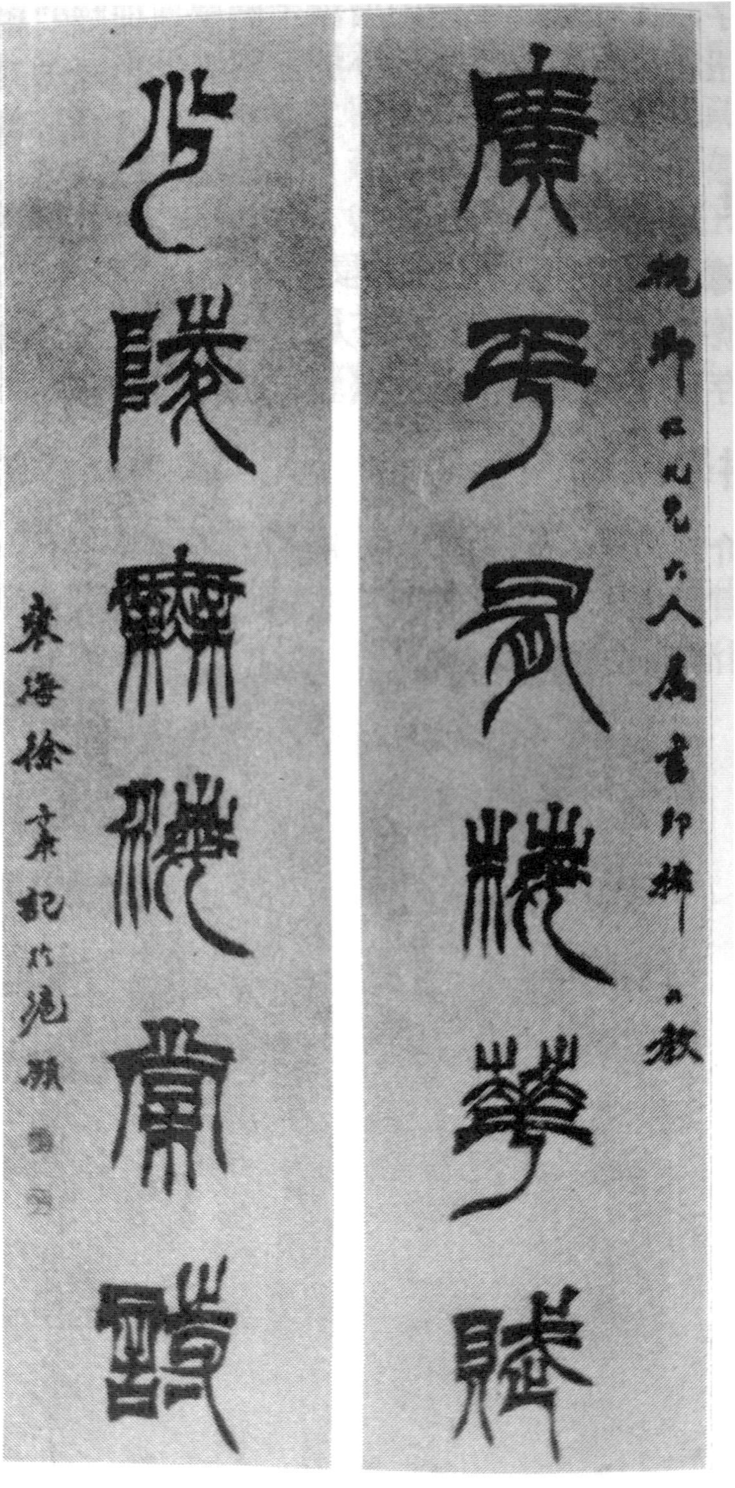

图二十四　清徐三庚篆书六言联

快’。余临此，即参用《神谶碑》意。”（《玉梅花庵临古各跋》）[①]

李叔同，近代艺术教育家，书画篆刻家。高僧。浙江平湖人，生于天津。早年习苏东坡、黄山谷行书。隶书仿杨岘，篆书师法《石鼓文》、秦《峄山碑》、吴《天发神谶碑》，用笔凝神内敛，清醇散淡，蕴藉拙朴，静寂古淡，终成独具风貌的“弘一体”。

马一浮，现代学者，书法家。名浮，号谌翁、蠲翁。浙江绍兴人。对中国古代文学、宋儒理学等深有造诣。新中国成立后，任浙江省文史馆馆长。工书，对篆、隶、草、楷有深邃研究。所作典雅静穆，气格高古。马一浮撰句并书：“皇象书如韵音绕梁孤飞独舞；孔琳之书如散花空中流徽自得；李岩之（南朝梁著名书法家，梁武帝评其书“如镂金素月，屈玉自照”）书如镂金素月屈玉自照。”孔琳之为南朝宋名重一时的书法家，妙善行草，师于王献之，稍露筋骨，天然放纵，极有笔力，时人谓“羊（羊欣）真孔（琳之）草”。

章炳麟，号太炎。浙江余杭人。近代国学大师。善书法，精篆籀，书体古朴深厚，劲健苍雄。富金石气。曾有《章氏丛书》刊行，近年有《章太炎全集》出版。章太炎致汪东（旭初）书札《说单钩》：“什近作单钩书，略已成规，但笔执过于沉着，近《天发神谶》意，与前此专求韵味者稍殊。盖亦由巧入拙矣。单钩本作篆正则，而今人殊鲜为之。……什固单钩易入《天发神谶》一路，故欲得其真本。金陵督署重摹之本，不足轻重，唯此石被毁，在清嘉庆世与南监史版同焚，今南监诸史传者尚多，意此碑拓本不至遂绝。足下为我于金陵旧家访之，或坊肆尚有此本，则问其价格可也……”[②]

王瀣，字伯沆，号无想居士，晚号冬饮。南京人。早年就读钟山书院，先后执教两江师范、南京高等师范、东南大学、中央大学近三十年。学识渊博，淹通四部，融贯佛老。精研诗词书画。有《冬饮丛书》两辑（王緜选编，广陵书社出版）、《王伯沆批校〈红楼梦〉》（苗怀明整理，南京大学

---

① 李瑞清著，崔尔平辑：《明清书法论文选·清道人论书嘉言录》，上海书店出版社，1994年版，第1090页。

② 《历代书法论文选续编》，同前，第773页。

出版社出版)、《王伯沆先生遗稿》等。工书,篆、隶、楷、行诸体皆善。行楷融入篆隶古雅朴厚的笔意,浑厚高古,劲峭多姿,为世所重。王伯沆先生所遗诗稿中有《天发神谶碑》歌:"长二十尺阔十尺,二十二行空行一。天禧寺前三段碑,斑斑驳驳石如铁。零星二百廿四字,天玺元年岁乙未。黍月己酉帝曰都,太平兆自临平湖。如何历阳山石本无理,使者诈言文成作皇帝。臣某再拜奉表闻,迩时宫中歌舞无朝昏。……文世典重字体雄,可惜飞渡天堑来阿童。江东故国劫火红,五十年大业一扫空。此碑亦复倾什碎裂空山中……符谶不足信,字画如有光。……吴王宫殿鹧鸪飞,江山半壁降幡了,禅国山头吊古碑。"(《冬饮庐诗稿》)[①]

齐璜,字萍生,号白石。湖南湘潭人。幼喜书画,十二岁学木工,后以画像为业,至二十七岁始正式习诗文书画,得胡沁园、王湘绮指授。他的篆书、篆刻取法秦汉,从汉《祀三公山碑》受到启发,改篆书圆笔为方笔,于吴《天发神谶碑》得力更多。用于篆刻,形成纵横平直、大刀阔斧的单刀刻法。有《齐白石画集》《齐白石印谱》。

陶寿伯,字之奋、之芬。江苏无锡人。早年在苏州、上海刻碑为生,业余学习治印。后入赵叔孺门墙,书法有魏晋奇拙之趣,花鸟画参徐天池、华新罗法,并参己意,奇拙淡雅,自成一家。治印师法秦、汉,专攻金文、汉印。早年清雅遒丽,晚年朴厚自然。对《天发神谶碑》心摹手追。以两周、金文融合,此碑书法刻过不少印章,如"宋美龄写生""大风堂门人""江南陶之芬寿伯信钚",这三方中一方为宋美龄作,两方均为己用,可见他对《天发神谶碑》倾慕的程度。他用金文化此碑书法雄伟峻峭为婉丽俊美,下垂线仍是用悬针篆。

近代以研究章草并以书写章草著名的书家有清末沈曾植、近代王世镗、余绍宋、马一浮、罗惇㬊、王秋湄、卓定谋、郑诵先、陈柱尊、王蘧常、沙孟海、林志钧、胡小石、吴玉如、来楚生、高二适等人,艺术成就各有千秋。

限于篇幅,近代章草名家选王蘧常、高二适,略作介绍。

王蘧常,字瑗仲,号明两。浙江嘉兴人。1951年起为复旦大学教

---

① 王瀣:《天发神谶碑歌》,载《王冬饮先生遗稿》,台湾"中国文化研究所",1962年版,第52页。

授。十八岁师从沈曾植，工章、草、隶、篆四体书，尤以章草造诣精深。研习《急就章》，并上探钟鼎、汉隶。以碑书笔法作章草，使转顿挫，方正生辣，外方内圆，奇古多姿。著有《明两庐诠》《秦史稿》《王蘧常章草选》等。

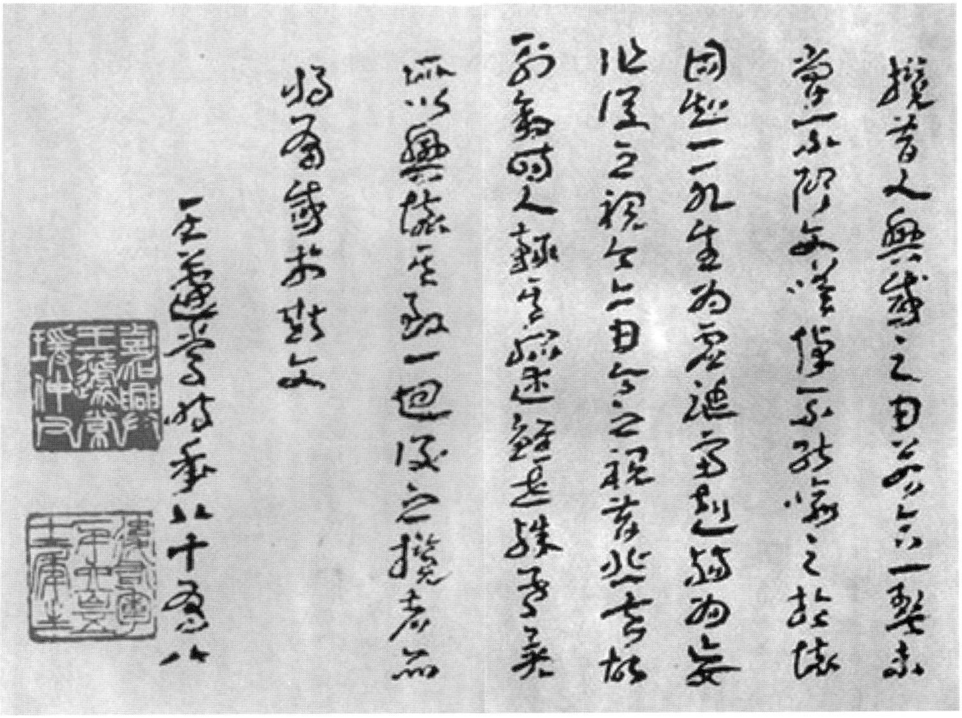

图二十五　现代王蘧常章草《临兰亭序》

高二适先生研习章草书，成《新定急就章及考证》。马一浮先生评曰："序论详赡、精切，诚今日罕见之文字，使读者了然于隶变源流，非用力之久，何以及此。"[1]马一浮并以隶书为高二适先生所著《新定急就章及考证》题端。

高二适，名锡璜，号瘖庵、舒凫。江苏东台（今姜堰市）人。精研诗文书法，书法初宗钟繇、王羲之，继习松江本皇象《急就章》及明宋克补本。隶、楷、行、草四体皆擅，以章草融入行草中，自出新意。所作苍劲峭拔，为世所重。章士钊有诗云"客来倘问临池兴，惟望书家噪一高"，极表推崇。章士钊又赠高二适诗："漫天恶札世争奇，皇象工书人不知。"更把高

① 转引自《高二适研究》，《东南文化》1997年增刊，第80页。

二适喻为皇象，不求人知，而书艺独绝。1965年郭沫若撰文认为《兰亭序》书法为依托，序文亦为后人篡改。高氏首出辩论，撰《兰亭序真伪驳议》，论证有据，震动士林。著有《高二适书法集》《新定急就章及考证》《刘梦得集校录》《高二适书风》《高二适论书语录》等。高二适先生年逾五十始学章草，朝夕临摹松江本皇象《急就章》"久之，始稍解章草偏旁法则，乃由篆隶者变为草之途径"。二适先生在学习章草的同时，发现碑中文字有讹误与草法错乱，往往"离汉隶而考章草，舍章草而考《急就》，踳驳乖违，自唐迄今，莫能厘定。徇致老师宿儒，白首穷经，而竟有不辨草法之所从来。"高二适先生博览群籍，旁搜博考，对章草各类版本排比章正，审核异同。得出"隶即章之本，章为隶之捷，章隶同源"的判断。

综上所述，皇象不愧为承前启后的一代大书家，从《急就章》《天发神谶碑》可窥其书艺之一斑。中国书艺之魅力，不仅在于继承前人书艺，一味学前人那只能是书奴，更在于跳出前人藩篱，独创新风格。正由于历代书家不懈求索、大胆创新，才有争奇斗艳的诸多风格流派。

胡小石先生说："作家崛起于一时代之中，却不能飞出一时代之外。彼乃根据同时代人与其前时代人所得之成绩以为基础，而以自己不断努力，在此遗产上生产再生产而发展之"[①]。书法家生活于一时代之中，不可能飞越时代之外。

皇象生于汉末，书艺承袭秦、汉丰厚遗产，不为前人所囿，又能汲取民间书法营养，兼采众长，成为一代"书圣"，绝非浪得虚名之辈。说明其人品、书艺在当时被普遍认同，才会深孚众望。《天发神谶碑》尽管褒贬不一，此碑初看似离奇怪异，但此碑书法有周代钟鼎铭文及秦、汉碑刻，还有民间书法的影子，说明皇象汲取前人书艺菁华求新求变，并能融会贯通，其《天发神谶碑》书法新奇出众，更显妙趣天成。皇象及其书艺在中国书学史上应有浓墨重彩的一章。

清代孙星衍、庄士骥、钮树玉、罗振玉、王国维等人对《急就章》均有考异、考校之作。清周在浚、汪照、罗振玉三家对《天发神谶碑》有多年研

① 《中国书学史》，中国文史出版社，2014年版，第220页。

究考证。分别有周在浚《天发神谶碑考》、汪照《天发神谶碑续考》、罗振玉《天发神谶碑补考》等著作。

现代书学研究成果丰硕，如同繁花耀眼。由于史料匮乏、皇象传世作品稀少等因素，对皇象及其书艺的相关研究和著述还比较冷寂。拙文意在抛砖引玉，期待对皇象及其书艺有更多新的研究成果。

参考文献

王瀣:《王冬饮先生遗稿》,台湾“中国文化研究所”,1962年版。
(清)刘熙载:《艺概》,上海古籍出版社,1978年版。
《历代书法论文选》,上海书画出版社,1979年版。
(清)纪昀、永瑢等:《景印文渊阁四库全书》,商务印书馆,1982年版。
马宗霍辑:《书林藻鉴》,文物出版社,1984年版。
张彦生:《善本碑帖录》,中华书局,1984年版。
(宋)赵明诚:《金石录校证》,上海书画出版社,1985年版。
范韧庵、李志贤:《书法辞典》,江苏古籍出版社,1989年版。
徐畅:《论东汉书艺的勃兴》《汉碑研究》,齐鲁书社,1990年版。
《明清书法论文选》,上海书画出版社,1994年版。
刘谨胜、刘诗:《江苏碑刻》,中国世界语出版社,1994年版。
朱世源:《扬州历代书法考评》,学林出版社,1998年版。
俞剑华:《中国美术家人名辞典》,上海人民美术出版社,1998年版。
《历代书法论文选续编》,上海书画出版社,1999年版。
(汉)许慎:《说文解字》,九州出版社,2001年版。
华人德:《中国书法史·西汉卷》,江苏教育出版社,2002年版。
刘涛:《中国书法史·魏晋南北朝卷》,江苏教育出版社,2002年版。
赵超:《石刻古文字》,文物出版社,2006年版。
黄惇:《风来堂集·黄惇书学文选》,荣宝斋出版社,2009年出版。
胡小石:《中国书学史》,中国文史出版社,2014年版。
张小庄:《中国书法篆刻史》,中国美术学院出版社,2014年版。
祝嘉:《中国书学史》,中国文史出版社,2015年版。

范文澜:《中国通史》,人民出版社,2015年版。

王冬龄:《中国书法篆刻编史》,中国人民大学出版社,2015年版。

朱天曙:《中国书法小史》,中国长安出版社,2015年版。

武慕姚:《毡椎闲话》,河南大学出版社,2015年版。

臧励和:《中国人名大辞典》,上海人民出版社,2016年版。

卢海鸣:《六朝建康战事录》《江苏文史研究》,2006年第2期。